# 存在的勇气

THE COURAGE TO BE

【美】保罗·蒂利希 著

钱雪松 译

中国轻工业出版社

图书在版编目（CIP）数据

存在的勇气／（美）保罗·蒂利希（Paul Tillich）著；钱雪松译.—北京：中国轻工业出版社，2018.3（2019.6重印）
　　ISBN 978-7-5184-1801-5

　　Ⅰ.①存…　Ⅱ.①保…②钱…　Ⅲ.①存在主义-美国-现代　Ⅳ.①B086②B712.59

中国版本图书馆CIP数据核字（2017）第318872号

总　策　划：石铁
策划编辑：孔胜楠　　　　　责任终审：杜文勇
责任编辑：孔胜楠　　　　　责任监印：刘志颖

出版发行：中国轻工业出版社（北京东长安街6号，邮编：100740）
印　　刷：三河市鑫金马印装有限公司
经　　销：各地新华书店
版　　次：2019年6月第1版第2次印刷
开　　本：880×1230　1/32　印张：7.125
字　　数：117千字
书　　号：ISBN 978-7-5184-1801-5　定价：32.00元
读者热线：010-65181109，65262933
发行电话：010-85119832　传真：010-85113293
网　　址：http://www.chlip.com.cn　http://www.wqedu.com
电子信箱：1012305542@qq.com
如发现图书残缺请与我社联系调换
171245Y1X101ZYW

译者序

# 在边缘的勇气

## 一

在当代德国新教神学圈乃至整个西方思想界中,保罗·蒂利希(Paul Tillich, 1886—1965)[1]无疑可列入20世纪以来最有影响力的思想家阵营。他是一位既富于思想魅力又充满争议的神学家,其作品横跨神学和哲学两大领域,并旁涉政治、历史、文学、艺术、社会学乃至精神分析等众多社会–人文学科,对之皆有深入而独到的见解。蒂利希思想影响力之巨大,我们仅从其著名的"终极关切"(ultimate concern)概念被广泛运用于不同的文化领域即可见一斑。

不过,蒂利希的作品带有高度的哲学思辨意味,"准入门槛"不低,非专业的读者理解起来颇为吃力。如果想通过一部作品就能让非专业的读者较为系统地了解他的思想特色,相信绝大多数蒂利希研究专家都会首推这部《存在的勇气》(*The Courage to Be*)。至于哪一部能排在第二位,学者间就未必会有这么高的共

---

[1] 又译作"蒂里希""田立克"或"铁黎赫"。

识了。在笔者看来，《信仰的动力》(Dynamics of Faith)或《文化神学》(Theology of Culture)都是比较有可能当选的[1]。如果读完之后，大家觉得意犹未尽，则大可进而去研读类似于《系统神学》(Systematic Theology)这样的大部头作品。总之，在今天注意力与时间日益成为稀缺资源的年代，先从这几本小书入手了解这位当代著名思想家的思想，不失为一种"性价比"颇高的阅读策略。

的确，在蒂利希所有的作品中，《存在的勇气》是最为畅销的，而且一直颇受欢迎。该书最早写于1950年，是蒂利希为了当年在耶鲁大学举办的"特里讲座"(Terry Lectures)而写的讲稿；其后经过修订，于1952年出了初版，次年就已第三次印刷，并成为耶鲁大学出版社的畅销书。到了1991年重印之际，该书在美国的精装本销量依然高达35,000册，平装本销量更达至40多万册[2]。半个多世纪过去了，直到2014年，这本书还新出了第三版[3]。这种持续畅销在西方严肃的学术作品中是很少见的，从中我们亦可看出它在西方知识界的受欢迎程度。

---

[1]《信仰的动力》的中译本不容易找到，本出版社已计划于2018年下半年出版该书的新译本。

[2] 参见：陈家富，《田立克：边缘上的神学》，香港：基道出版社，2008，212页。

[3] 原书第三版增加了当代著名神学家哈维·考克斯 (Harvey Cox，他曾是蒂利希的学生) 为该书出版60周年 (2012) 所撰写的"第三版导言"，也包括彼得·J.戈梅斯 (Peter J. Gomes) 所撰写的"第二版导言"。

由于该书最早是用作系列讲座的讲稿，因此，尽管该书在行文上已基本采用书面语，但依然保留着一些讲稿的痕迹。例如，全书虽然涉及众多的思想家及其作品，但却没有任何大段的引文，也没有一个注释；而且，作者对很多重要的哲学观念与观点并没有展开充分的哲学论证，只是很简明扼要地说出自己的评价和理由就点到即止了。这些做法都应该是出于最初为其讲座服务的缘故。不过，也正因如此，蒂利希才得以在这不足10万字的篇幅里容纳如此丰富的内容，涉及如此繁多的思想家、文化领域和思想时代，同时这也使得该书在表达上更具亲和力，没有太艰深的哲学分析，不至于让非专业的读者读得挠头抓狂。这些或许都是它能成为畅销书的原因。

以下，笔者将结合蒂利希的整体思想来谈一下该书的基本内容以及对当代读者所可能具有的一些启发之处，最后就全书的翻译做一些说明。

## 二

海德格尔的研究专家沃纳·布罗克（Werner Brock）曾指出，我们可以用两个标准来评价一位思想家的地位。第一个标准是，看这位思想家所提出问题的相关性，他思考其问题时思想是否足够有力和一致，阐发又是否足够透彻。第二个标准则是，在他的哲学作品冲击下，读者是否会被引导用一种新的方式去看待生活和世界，其思想又是否能对原先不为前人思想所触及而又与人们密切相关的那些面向予以充分自觉的反思。布罗克认为，真正的哲学家是不同于科学家和一般学者的，后两者会被他们探求真理的惯常方式所紧紧束缚着，而哲学家则不仅能提出更伟大、更根本性的问题，而且"如果他的阐发是有分量的，那么它将会隐含一种全新的见解，具有影响、改变或刺激读者原有见解的力量"[1]。尽管布罗克的这番话是用于评价海德格尔的，但是，如果我们用这两个标准来看蒂利希，也完全可以说，他是我们这个时代一流的神学家和哲学家。这一点，从读者面前的这本小书即可获得证明。《存在的勇气》篇幅不大，但却是最能体现蒂利希思想创造力和他个人关切处的一部作品，在某种意义上也是蒂利希的精神自传[2]，因而在他的众多作品中有着独特的地位。笔者相信，只要读者沉下心来细读面前的这本小书，自会感觉对蒂利希的这一评价并无任何溢美之词。

蒂利希的创见与眼光首先体现在该书的主题选择上。在全书的开篇，蒂利希就点明，按照特里基金会的要求，他所要论述的

---

[1] 参见：Werner Brock, "An Account of 'Being and Time'," *Existence and Being*, Martin Heidegger, Chicago, Illinois: Henry Regnery Company, 1949, p.25。

[2] 参见：Harvey Cox, "Introduction to the Third Edition," *The Courage to Be*, Paul Tillich, New Haven & London: Yale University Press, 2014, p.xxiii。

是"以科学和哲学为参照的宗教"（2页）[1]。面对这一道"命题作文"，蒂利希独辟蹊径地"挑选了'勇气'这样一个集神学、社会学和哲学问题于一身的概念"（2页）来作答，这实在颇有些令人吃惊。

之所以这样说，是因为勇气这个概念实在很难说是哲学史和神学史的核心概念。翻看任何一本介绍西方哲学史或神学史的教科书，我们都不怎么能看到对"勇气"的专门论述。在蒂利希之前，关注这一主题的思想家似乎也并不很多。那么，为何蒂利希偏偏要用这样一个不起眼的日常语词来承载和贯通他对于整个西方思想史和西方社会思潮的理解呢？如果这不是故作惊人之论，那么就只能表明，蒂利希从"勇气"概念中洞察到了理解西方思想史与西方文化的某个新的视角与脉络，因而才会将之视为无法用其他早已为哲学家和神学家所熟悉的概念来替换的核心概念。

然而，这一无可替代而不得不如此论述之的视角到底是什么？我们从此视角出发又能得出何种洞见，回应何种难题？蒂利希用了6章近10万言的篇幅对这些问题做出了回答。在第一章的开篇，蒂利希就指出，如果如一般人所认为的那样，仅仅从伦理学的层面来阐发"勇气"，我们是无法获得对这个概念的充分理解的。他从柏拉图的《拉凯斯篇》中苏格拉底等人定义"勇

---

[1] 以下凡是引自本书的文字，将直接在随后括号内标出页码，不再另加脚注说明。

气"概念的失败尝试谈起。在蒂利希看来,苏格拉底的这一失败意味深长,它表明,我们只有深入到勇气的本体论层面(存在的层面)才能为伦理学的勇气概念找寻到充分的根据。换言之,勇气并不仅仅是与其他美德相并列的一种美德,它还是关乎于一切人一切方面的"存在的勇气"!蒂利希将结合了这两个层面的勇气概念表达为如下定义:"存在的勇气乃是人不顾与其本质层面的自我肯定相冲突的那些实存因素而径直肯定他自身存在的伦理学行动"(4页)。

是的,存在的勇气就是"具有'不顾'性质的自我肯定"(34页),它能让我们从人生中源自非存在的种种威胁、困顿与焦虑不安中超拔而出,径直对自己本质性的存在样态做出肯定。在第一章关于"勇气"概念的思想史回顾中,尤其值得注意的是他对斯宾诺莎和尼采的论述。与本章中他所评点的其他哲人相比,蒂利希对这两位哲人给予了最多肯定性的笔墨,由此亦可看出他本人的精神取向。

蒂利希对斯宾诺莎思想的阐发,主要集中于他《伦理学》中的"conatus"(努力)概念。正如考克斯所指出的,斯宾诺莎对"conatus"的论述是最接近于蒂利希的"存在的勇气"这一概念的。考克斯认为,与斯宾诺莎一样,在蒂利希那里,"存在并非仅仅'在';它必定要不断努力去肯定它自身以反抗非存在所引发之种种威胁";而且,从这一理解出发,这一概念也进而与奥古斯丁的"不安"(restlessness)和尼采的"强力意志"相关联[1]。

蒂利希对尼采的论述,笔者认为是这一章最精彩的部分。这或许与蒂利希生命中的一段精神历程有关。蒂利希曾于第一次世界大战期间(1914—1918)担任随军牧师,在此期间,他不仅经历了外在世界的炮火洗礼,更从内心经受了极其严重的信仰与精神危机[2]。然而,正是在对尼采的《查拉图斯特拉如是说》的阅读过程中,蒂利希突破了信仰与怀疑之间的挣扎,感受到了来自永恒的神圣时刻〔即其著名的"凯洛斯"(Kairos)概念〕在他个人身上突如其来的闯入,由此而重拾其信仰。在1917年12月5日他写给玛丽亚·克莱因(Maria Klein)的信中,他坦言,"'没有上帝的信心'的吊诡"成为了他重新确立"生命内在的无限性"之端倪[3]。因此,从蒂利希对尼采的精彩论述中,读者朋友或许可以发现自尼采带有"无神论"气息的"强力意志"学说通达上帝的"秘密通道"。

在接下来的五章中,蒂利希从这样一个"本体论-伦理学"双重层面的勇气概念出发对各个相关主题做了探讨。各章的核心主题可分别概括为:(1)与存在勇气相对的焦虑的含义及其三种

---

[1] 参见:Harvey Cox, "Introduction to the Third Edition," 2014, p.xiv.
[2] 参见:温伟耀,"蒂利希对'出神'宗教经验的三种歧义",《蒂利希与汉语神学》,陈家富主编,香港:道风书社,2006,143—144,注1。
[3] 出处同上。

类型（第二章）；（2）病理性焦虑（第三章）；（3）存在的勇气的两大基本类型，即作为部分而存在的勇气（第四章）和作为自我而存在的勇气（第五章）；还有最后（4）最终超越这两类勇气以克服非存在之焦虑与绝望的可能性途径（第六章）。

正是在这番面向"实事本身"的探幽钩玄中，蒂利希展现了他对于人之存在的独特理解。人不仅是实然（实存）的存在，也是应然（本质）的存在。然而，这两种存在样态在实存上又是相互冲突的，因为人在实际中的存在总是为非存在所围绕。隐喻地讲，"存在'拥抱'它自身与非存在。存在在它'之中'拥有非存在"（36页）。这是人类生存所不得不面对的疏离和异化处境。而且，人与其他存在物的不同之处在于，人能意识到这种来自非存在的威胁，并因此会导致他在实存上的焦虑。蒂利希概括出非存在在本体、精神和道德三个层面对人的威胁。这三重威胁的每一重皆可分为"相对而言的威胁"和"绝对而言的威胁"："非存在在本体上对人自我肯定的威胁，相对言之是命运，绝对言之是死亡。非存在在精神上对人自我肯定的威胁，相对言之是空虚，绝对言之是无意义。非存在在道德上对人自我肯定的威胁，相对言之是罪疚，绝对言之是谴责"（43页）。而人（以及特定时期的人类社会）一旦在自己的实存境遇中意识到了这三重威胁，则会相对应地表现出如下三种形式的焦虑：对命运与死亡的焦虑、对空虚与无意义的焦虑以及对罪疚与谴责的焦虑。这三种焦虑都是实存层面的，扎根于人的生存论境遇中，因而有别于诸如神经官能症所引发的病理性焦虑。这三种焦虑一旦发展成为极端的边缘性处境，就会最终转变为绝望。在蒂利希看来，这就是人在实存中无法逃避的真实处境。

如果蒂利希对人生处境之阐发仅止步于此，那么，他就与当代的存在主义哲学家没有什么实质的差别了。然而，蒂利希不同于存在主义哲学家（甚至也不同于所有哲学家）的独特之处在于，他并不满足于从哲学上对人类的这种实存境遇予以描述，而是力求从其基督教信仰中找寻到克服非存在之威胁从而超越这一焦虑乃至绝望处境的出路。在蒂利希看来，人在实存中的这种存在与非存在的冲突以及人对于这种冲突的意识（它体现为上述的三种焦虑），并不能直接得出虚无主义的结论。它们仅仅说明了，人的生存总是具有歧义性（ambiguity）[1] 的，也就是说，人既有可能为非存在的威胁所吞噬，也有可能克服存在与非存在的对立，并赢获自身存在之根基。前者是实存完全为非存在所魔化（the demonic）的结果，而后者则是将存在的勇气扎根于绝对信仰（absolute faith）之收获。

正是由此实存处境的歧义性出发，蒂利希选择"勇气"这一概念的深刻用意才最终得以体现。如果人要走出在实存中与自

---

[1] 又译作"含混性"。

身本质的疏离与异化处境,从而真正与他的本质相合一(是其所是),他就必须克服其实存中那些来自非存在的因素。这样一种克服,并不是单纯智性上的超然认知,而是生命意志的投入与抉择,是具有"不顾"性质的自我肯定。它是存在的勇气,是面对歧义性处境而做出的肯定性抉择,因此,它需要一种发自内心的力量去抵抗非存在一面的吞噬。

然而,这种力量的源泉何在?它只是单纯的意志之力吗?既然存在的勇气具有本体论的根据,那么,这种存在的勇气及其力量在表现形式上也就高度依赖于人在实存上的"自我-世界"这一两极化结构。如果实存处境侧重于自我,那么,存在的勇气就体现为"作为自我而存在的勇气";如果实存处境侧重于世界,人被规定为世界中之一员,那么,存在的勇气也就体现为"作为部分而存在的勇气"。但是,这两种勇气不管哪一种,都并不能完全克服非存在的威胁。因为,"能将这三重焦虑纳入自身的勇气必须扎根于某种比自我的力量和世界的力量均更为强大的存在之力中。无论是作为部分的自我肯定还是作为自我的自我肯定,都无法跨越非存在的这三重威胁"(158页)。换言之,人还需要一种来自更高处、能将这两种勇气统一起来的力量。这就是超越了存在与非存在的"存在本身的力量"(the power of being-itself)。人要进入这种力量之中,就不能仅仅作为"个体自我的人"或"世界之中的人",他必须成为具有整全人格(person)的"信仰的人"。也就是说，他必须成为宗教性的存在，才有可能进入到终极的存在之力中。所谓宗教，对蒂利希而言就是绝对信仰，亦即"那种被存在本身的力量所攫取住的存在状态"（158页）。

于是，人尽管在实然上与自身的应然存在相冲突，但也同样存在着超越冲突并通达其本然存在的真实可能性！只是这种通达的过程不仅不是作为个体或作为部分的人通过自我努力所能达到的；而且，即使是在宗教层面，它也并非是神秘主义宗教和强调神－人相遇的人格化有神论所能企及的。这是一种超越了神秘主义和有神论的绝对信仰状态。正是在这种绝对信仰中，人"被超越上帝的上帝所攫取"（189页）；而人在这一层面上唯一能做的，就是怀着"接受这种被接受的自我超越的勇气"（168页）去面对人生中（对人而言）的种种歧义性与不确定性，安然而又勇敢地"接受被上帝所接受"的可能性！

由此可见，与当代存在主义哲学家对于非存在所做的几乎完全消极的理解不同，蒂利希赋予了非存在一种"悖谬的"（paradoxical）特征，这种特征是实存处境的歧义性得以可能的源泉。的确，非存在是对存在的拒斥与否定，但与此同时，它也同样构成了人通达存在本身必不可少的动力性因素，并因此而成为考问任何一种实存处境之答案是否足够"究竟"的终极关卡。在蒂利希看来，唯一能跨越这道关卡的，只有被"上帝之上的上帝"（God above God）亦即存在本身所攫取的那种绝对信仰状态：

绝对信仰，或者被超越上帝的上帝所攫取的这种状态……它永远是在心灵其他状态之中、之下并随同它们一起出现的活动。它是处于人种种可能性边缘的那种处境。它就是这一边缘。因此，它既是绝望的勇气，又是每一种勇气之中和之上的勇气。它并非人能生活其中的处所，它也没有语词和概念的庇护，它没有名字，没有教会，没有膜拜，也没有神学。但它运行在它们所有这一切的深处。它是存在的力量，所有这一切都参与其中，而所有这一切又只是它的片段式表达。（189—190页）

正是通过这一绝对信仰以及其所要求的"接受被接受"的勇气，人才能自这种人生的歧义性中重新发现真实的上帝。这位连有神论意义的上帝都要超越的上帝，即使在最为绝望的边缘处境中也依然存在——人对这种绝望的意识本身就具有源自存在本身的力量。原本在人的实存处境基础上所展现出分裂、疏离与异化的各种因素现在由于被确立于这一"上帝之上的上帝"的基础上而获得了存在之更新与统一之恢复的可能。在全书结尾处，蒂利希用以下名言点出了这一整个思想历险的终点与答案：

> 在这一勇气（指终极性的存在的勇气——引者注）中，所有形式的勇气都在有神论上帝之上的上帝之力中得以重新确立。存在的勇气所扎根于其中的上帝，就出现在怀疑之焦虑中的上帝所消失的地方。（191页）

因此，蒂利希所追寻的这种终极意义上的存在的勇气，最终表现为处于人类实存边缘仍然能安然接受的勇气，它向人展现出让人跨越自身实存的种种有限性以回到存在本身的存在之力。正如考克斯所指出的，蒂利希在本书中所追求的答案也正是他一生之中孜孜以求的一个智性上的目标，那就是："跨越边缘（crossing boundaries），好让那被错误地撕裂、支离了的事物又重新放置在一起"[1]。由此可知，这种存在的勇气也就是人在边缘的勇气，而人之所以要身处边缘，又正是为了被存在本身所攫取住以跨越边缘的那一刻的到来。

由此，我们终于可以理解本书开篇所说的"以科学和哲学为参照的宗教"一语的真实含义了。蒂利希的宗教概念，并非某种

---

[1] 参见：Harvey Cox, "Introduction to the Third Edition," 2014, p.xii. 考克斯在此提到了一件意味深长的小事。1955年，蒂利希刚去哈佛大学没多久，就被问及他是否喜欢这所学府。蒂利希答道："非常喜欢。我最终还是回到了'大学'里头。"考克斯接着说道，蒂利希之所以如此喜欢留在大学里，是因为如他所经常说的，他一直孜孜以求的乃是要回到"大学"（university）之为"大"（uni-）者那里，即某种统一之中。

体制性的社会事实,而须从精神或灵性的层面来把握。这种宗教概念是一直都隐匿地在场的,因为,"每一种存在的勇气都或公开或隐匿地拥有宗教性的根源。因为宗教正是那种被存在本身的力量所攫取住的存在状态"(158页)。不难看出,蒂利希参照着科学和哲学所谈论的宗教实际上就是"绝对信仰"。

要想把握这一宗教概念,我们最好将之与《文化神学》中对"终极关切"的论述放在一起合观。在《文化神学》中,蒂利希将宗教理解为对人类精神生活之深层的理解。他对此解释道:

> "深层"一词是什么意思呢?它的意思是,宗教指向人类精神生活中终极的、无限的、无条件的一面。宗教,就这个词的最广泛和最根本的意义而言,是指一种终极的关切。在人类精神的所有创造性机能中,终极关切都表现得非常显著……他(指人——引者注)不能在终极的严肃意义上拒斥宗教,因为终极的严肃,或者终极关切的那种状态,其本身就是宗教。宗教就是人类精神生活的要旨、基础和深层,人类精神的宗教方面正是就此而言。[1]

---

[1] 参见:蒂利希,《文化神学》,载《蒂里希选集》(上卷),何光沪选编,上海:上海三联书店,1999,382—383页。

对蒂利希来说，这样的宗教之所以是严肃的，正是因为它是神学的（它通往真正的上帝）；而这样的神学之所以是真实的，又正是因为它是宗教的（它不再是特定的一神论宗教，而是构成人类精神生活的要旨、基础和深层的终极关切）。于是，蒂利希将作为文化范畴的"宗教"与作为信仰范畴的"神学"相关联，以此构成他独特的神学标记——"文化神学"。

正是在这里，我们可以看到蒂利希力求将人类文化之整体建基于其神学之上的努力。他对"终极关切"和"宗教"的理解，不管如何独特，依然是与基督教神学内在相关的，而并不是单纯的哲学概念或其他什么别的文化概念。在蒂利希看来，人的处境永远只能是提出问题，但问题的答案却并不是从人的处境之中能够寻求得到的。答案来自别处，也就是那超越了存在与非存在之对立的存在本身。而这样一种存在本身的力量，就是那"上帝之上的上帝"的力量。这样一种文化神学的理解进路构成了基于其关联方法而来的"回答神学"（answering theology）模式[1]。

三

以上，笔者结合蒂利希的整体思想对《存在的勇气》一书

---

[1] 从问答的关联结构对蒂利希思想的梳理，可参见拙文"虚无主义与宗教观"的第四节，载《20世纪宗教观研究》，张志刚主编，北京：北京大学出版社，2007，274—284页。

的基本脉络做了简要的梳理。通观全书，蒂利希的许多评点虽笔墨不多，却能打破不同学科之畛域，究其原委，探其堂奥，探微发覆，且在综览各家得失之后依然能收拢于其神学主旨之上：这种杰出的综合能力在当代的神学家和哲学家中是不多见的。正如当代另一位同样具有综合特质的新教神学家沃夫哈特·潘能伯格（Wolfhart Pannenberg）所说的那样：

> 蒂利希凭藉自己把哲学观点和神学观点结合在鲜明易记的陈述中的才能，以令人印象极为深刻的方式来实现在近代文化问题的广阔视域中诠释基督教的诉求。他以此……为神学的任务提供了一个榜样，即便在近代文化日益世俗化的条件下也有理有据地为上帝在耶稣基督里面的启示的普遍有效性担保。[1]

潘能伯格的这番评价可说是很贴切的。但是，蒂利希的贡献并不仅仅局限于神学领域。在《系统神学》的开篇，蒂利希曾直截了当地指出，神学存在着两极，即"对基督教启示真理的表达"和"该真理对于每一新的世代而言的意义阐发"[2]。上帝与世界

---

[1] 参见：潘能伯格，《近代德国新教神学问题史：从施莱尔马赫到巴特和蒂利希》，李秋零译，香港：道风书社，2010，362 页。

[2] 参见：Paul Tillich, *Systematic Theology*, vol. 1, Chicago: The University of Chicago Press, 1951, p.3。

构成了蒂利希神学中存在张力与关联的两个聚焦点，他也从不惮于从各种文化领域中汲取适合自己神学的各种养分。由此，这将我们的话题引向了另一个更为宽广的主题，即当我们将这本书的核心思想置于"近代文化日益世俗化的条件下"的时候，它与我们今天的时代处境之间的相关性问题[1]。

首先值得注意的是，《存在的勇气》尽管很畅销，但依然无法避免一切深刻的原创性思想共同的命运，那就是对于当时的社会文化思潮而言，它总是或多或少显得有点"不合时宜"。据本书"第二版导言"的作者戈梅斯介绍，20世纪50年代的美国作为第二次世界大战的战胜国，正如火如荼地进行着战后重建，全

---

[1] 蒂利希的思想与今天时代处境之间的各种关联一直是学界关注的重点。例如，雷蒙德·F. 布尔曼（Raymond F. Bulman）和弗雷德里克·J. 帕雷拉（Frederick J.Parrella）于2001年合编出版的《新千禧年的宗教：保罗·蒂利希精神中的神学》(*Religion in the New Millennium: Theology in the Spirit of Paul Tillich*)一书中就有超过20位学者分别从"经济、社会和宗教""妇女与宗教""艺术与宗教""宗教对话与灵性"和"宗教与科学"五大范畴来展示当前美国神学界如何运用蒂利希的神学来回应他们在当代所面临的处境和问题（参见：陈家富，《田立克：边缘上的神学》，2008，212页）。而晚近汉语学界关于蒂利希思想的研究，也同样呈现出这种多面向和跨学科、跨文化的特征。以香港道风山汉语基督教文化研究所于2006年和2015年所汇编出版的两期有关蒂利希的专题论文集为例，其中的21篇论文就分别涉及了神学、哲学、视觉艺术、伦理学、道德教育、现代性问题、宗教社会主义与政治学、比较宗教学与比较神学等众多领域。以上参见：杨俊杰、赖品超策划，《中心作边缘：纪念蒂利希辞世五十周年》(《道风基督教文化评论》第四十三期)，香港：道风书社，2015；陈家富主编，《蒂利希与汉语神学》，香港：道风书社，2006。

国都弥漫着一种文化上的乐观主义。而美国的宗教界也加入到这一文化浪潮中，呈现出蓬勃发展的态势。但是，蒂利希对于美国的这一宗教复兴运动一直保持着冷静的态度。1958年6月14日，当时美国最畅销的刊物《星期六晚报》刊登了蒂利希一篇题为"宗教中失落之维"（The Lost Dimension in Religion）的文章。在这篇文章中，蒂利希表达了他对当时美国宗教复兴运动的看法：

> 如果我们将宗教定义为被某种无限关切者所攫取之状态，那么，我们必须说：在我们的时代中，人已经失落了这样一种无限的关切。这种宗教的复兴并不是别的，而不过是力求重新赢获我们所失落之物的一种绝望的和最徒劳无功的尝试罢了。[1]

显然，他对于当时美国的宗教复兴深表忧虑，甚至认为这是一种绝望和徒劳无功的尝试。不难看出，蒂利希在此所提到的"被某种无限关切者所攫取之状态"与《存在的勇气》中关于"终极关切"和"绝对信仰"的思想是一脉相承的。

不幸的是，历史的发展表明，蒂利希的看法并非杞人忧天。蒂利希的忧虑在20世纪下半叶以来的当代社会中至少是部分地

---

[1] 参见：Peter J. Gomes, "Introduction to the Second Edition," *The Courage to Be*, 2014, p. xxx.

应验了。限于篇幅，我们仅从一个方面来佐证，那就是：我们今天对于人的理解带有前所未有的客体化特征。在畅销书《未来简史》中，作者尤瓦尔·赫拉利（Yuval Noah Harari）提到了这样一种在当代生命科学家中日趋流行的观点，即：包括人在内的哺乳动物的情感和需求也不过是"对所有哺乳动物生存和繁衍至为关键的生物算法"[1]而已。在全书的最后，赫拉利进一步指出了伫立在这种生物算法论背后的"数据主义"思潮。根据这种数据主义的观点，人类不过是"单一的数据处理系统，而每个个人都是里面的一个芯片"[2]，甚至我们这种进化了数百万年的人类物种也有可能成为过时和要被淘汰的落后"算法"。根据赫拉利的观察，时至今天，这种数据主义已从原本中立的一种科学理论"逐渐成为要判别是非的宗教"[3]了。

可以发现，在这样一种理解中，终极关切的超越之维再次失落无踪，人的宗教性和意义性维度也被完全还原为某种可以理性化、外在化和客体化的东西，不管我们将之称作"生物算法""数据流"还是"信息流"。尽管赫拉利对于这一思潮保持着足够的警醒，但是他最终仅仅止步于提出这一挑战。在全书的结

---

[1] 参见：尤瓦尔·赫拉利，《未来简史：从智人到智神》，林俊宏译，北京：中信出版社，2017，75 页。

[2] 出处同上，344 页。

[3] 出处同上，346 页。

尾处，他将全书的论述概括为三项基本洞见以及三个相对应的关键问题，其中第二个问题正是："智能和意识，究竟哪一个才更有价值？"[1]

作为一名历史学者，赫拉利自然无须对这些问题予以正面回应，这是哲学家和神学家应该接手的议题。在笔者看来，赫拉利的上述发问体现了我们今天不得不面对的一个新的"歧义性挑战"。我们可以将它重新表述为如下问题：智能与意义，究竟哪一个才是人之为人的根本性特征？

根据《未来简史》的描述，目前的天平似乎一直在向前者即智能的一方倾斜。许多人对于人工智能迅猛发展的焦虑乃至恐慌[2]，实际上正反映了数据主义的生命科学观在当前的盛行。面对这一追问，《存在的勇气》或许能够再一次发挥其不合时宜的警醒作用。存在的勇气既然是在边缘的勇气，则它同时也就是面对人在实存上的歧义性处境做抉择与决断的勇气，而这也就意味着，人在存在的意义（本体论）上首要地是自由抉择和自我超越的主体。这种自由体现在他可以自种种歧义的两难处境中得以自

---

[1] 参见：尤瓦尔·赫拉利，《未来简史：从智人到智神》，2017，361 页。
[2] 我们须区分"由于新技术的发展而对原有技术及其社会角色的取代所引发的焦虑"与"新技术本身对于人作为类存在的整体可取代性所引发的焦虑"。前者是人类文明发展过程中几乎每一种有影响力的新技术面世时都会出现的，而后者则与我们对"人之为人的存在特性"的理解密切相关。换言之，后者的焦虑乃是哲学和神学意义上的焦虑。

我安立和自我肯定,甚至"虽千万人吾往矣"!因此,如果存在的勇气对于人之为人具有决定性的意义,那么,人就不可能是完全的客体,不管这一客体化的人(连同客体化的世界)是被化约为机器、理性、数据、信息还是算法。在论述欧洲虚无主义的时候,蒂利希提醒我们,有必要注意与这种客体化思潮相平衡的来自另一方向与传统的思想资源:

> 生命哲学家与实用主义者则力求从先于主客体的"生命"范畴推导出主客二者间的割裂,并将对象化的世界诠释为是对创造性生命的自我否定(狄尔泰、柏格森、齐美尔和詹姆斯)。19世纪最伟大的学者之一,马克斯·韦伯则向我们描绘了,一旦技术理性取得支配地位,就会使得生命出现悲剧性的自我毁灭。(138页)

当不少人对于以生物工程和人工智能等为代表的新技术发展抱有忧虑之际,蒂利希则提醒我们:真正值得反思的并非技术本身,而是当代社会对人的理解出现了问题。我们有可能在"宗教中失落之维"的道路上已经渐行渐远了。

更让人绝望的是,如赫拉利所描述的,今天科技的发展已经对于这种失落做出了前所未有的正当性辩护!毫无疑问,人当然有着客体化的一面，但人是否能完全为这种客体化的理解所穷尽？这是值得深思的问题。上述的歧义性挑战虽然在表述上很新颖，但究其实而言依然扎根于某种古老的文化传统中。生物算法论和数据主义不过是近代以来对人做客体化理解的延续而已。沿用蒂利希的视角和概念框架，我们可以认为，这种对人的客体化理解表明了非存在在今天所展现出的另一种客体化和虚无化形式。如果人类下围棋的唯一意义或价值就是为了以最完美的方式获胜，那么，阿尔法狗（AlphaGo）无疑比人更适合于从事围棋游戏，而阿尔法元（AlphaZero）则是更为完美的替代者（或进化者？）。但是，我们为什么一定要认准，"对于人来说"，胜负的"结果"才是下围棋唯一合适的评价维度呢？或者说，弈棋这一人类活动是否具有某种高于或不同于单纯胜负的价值或意义（比方说，游戏本身的乐趣）？又或者，是否存在某种为东方文化所赞赏的"由技入道"的可能性，从而不论是胜是负都不过是一个人迈向更高远之道的提升方式而已？

当我们如此思考的时候，技术也就同样呈现出歧义性。当我们从"人作为自由抉择和自我超越的主体"这一端去理解人的时候，技术也同样展现出与人的创造性机能相匹配的全新可能性。正是这种可能性使得我们无须全然地拒斥技术本身。蒂利希在论及人拥有完全的意向性（人是有目的和意图指向的存在）时顺带指出了技术与人的创造性所可能具有的正面关联：

……人是所有存在中最具活力的存在。他从任何方向都有可能超越任何给定的情境,而这种可能性驱使他超出自身去创造。生命力就是超出自身而又不失去自身的创造之力。一个存在超出自身而去创造的力量越磅礴,它所拥有的生命力也就越强大。技术创造的世界就是人的生命力及其无限优越于动物生命力的最显著表现。只有人才拥有完全的生命力,因为只有人才拥有完全的意向性。(82页)

也就是说,从源初的意义讲,技术并不是为了取代人,而是要去成全人!因此,蒂利希认为,"只要科技理性是本体理性的伙伴时,并且'推理'(reasoning)是被用来完成理性的要求,那么这种处境之中就没有什么危险"[1]。

承接蒂利希的观点,我们可以说,对于技术,恰切的发问应该是:为了实现X这个目标,人可以让技术做些什么?这里的"X"须出自人的自由抉择,技术才有可能成功扮演这种发展而非阻碍人之创造性机能的角色。而这又只有当我们将人自身理解为某种能自我书写、自我创造与自我超越的意义性存在(这一存

---

[1] 参见:陈家富,"人与自然的关系:田立克对科技的一种文化神学的反思",载《田立克:边缘上的神学》,2008,96页。

在甚至须被置于更深层的实在领域中）时才是可能的[1]。

当然，人除了作为可予以理性化衡量的客体（算法、数据和信息）以外，还是否有可能是可为自己的生命活动书写意义、创造意义和自我超越的主体？我们今天对这个问题的回答依然是歧义性的。如何重新刻画人之为人的存在特性，使得这一对人的理解既不落入全然客体化之窠臼，又不重蹈人类中心主义之覆辙？这也是当代文化对人文－社会科学提出的重大议题。而演变为当代新宗教形态的数据主义也并不一定就是错误或虚假的，但是这样一种对人的客体化理解在今天有必要得到来自另一个方向的平衡。蒂利希的思想无疑可为我们反思与平衡以数据主义和生物算

---

[1] 有意思的是，著名未来学家凯文·凯利（Kevin Kelly）在其近期出版的新书《技术元素》的一篇笔记中，敏锐而深刻地指出了技术发展与人的创造力之间的确具有一种良性的互动关系："我们在某种程度上书写着自己……如果我们不能为他人扩大可能性，而是削弱它们，那将是一种罪过。为他人扩大创造力的范围是一种义务。你能想象如果巴赫在钢琴技术发明之前出生，我们的世界将是多么不幸吗？……也许要在某个小设备出现之后，我们这个时代的莎士比亚才能创造出他们的杰作。如果没有这些制造的可能性，他（她）就会受到阻碍，由此人类所有的创造力就会减少。因此，我们有道义责任提高技术。当我们扩展了技术的种类和影响范围，我们就增加了选择。当我们扩大了可能性，我们也为每个人成为明星打开了机会之门。"（参见：凯文·凯利，《技术元素》，张行舟、余倩等译，北京：电子工业出版社，2012，38—40页）

法论等为代表的当代客体化思潮提供颇有分量的砝码[1]。笔者在此仅提供一种激发问题的思路,至于更具体和深入的探讨,就留待感兴趣的读者去完成好了。

## 四

最后,让我们来看一下本书的中译本。《存在的勇气》在20世纪80年代出过一个中译本,是成穷和王作虹两位学者合译的(以下简称"成译")。笔者在翻译过程中,认真参考了这一译本。看得出来,成译在整体上是很用心的,文笔也很流畅,不少地方对笔者颇有启发。虽然成译存在一些错漏,但这是任何译本可能都在所难免的,不应苛求。不过,目前的译本与成译还是有一些重要的不同。首先,新译本依据的是2014年的原著第三版,里面有一些内容与成译不同[2]。其次,在一些重要概念的译法上,本译有一些较大的改动。以下就其中较为重要且存在不同译法的一些关键概念略加说明。

首先是"existence"和"being/Being"这一对英文词及其

---

[1] 关于蒂利希对科技的反思,可参见:陈家富,"人与自然的关系:田立克对科技的一种文化神学的反思",2008,83—108页;至于蒂利希与现代性的相关性,则可参见:叶菁华,"蒂利希对现代性的理解与批判",载《蒂利希与汉语神学》,2006,291—311页。
[2] 例如,第五章第三节关于"存在主义观点的失落"的论述,成译与本译在内容上有不少差别,有可能是所据版本不同所致。

派生词的翻译。成译将这两个词不加区别地都译作"存在",这不得不说是一处很不应当的混同。而在其他一些哲学作品中,"existence"又往往被译作"生存","existential"则被译作"生存论的"或"生存的"。但是,不论是与"being"等同的"存在"还是单就人而言的"生存",这两种译法都并不完全合乎蒂利希思想的原意。理由主要有如下两点。

第一,蒂利希本人就对"existence"和"being/Being"做出了明确的区分。蒂利希所说的"existence"主要是与"essence"即本质相对而言的,"existential being"(实存的存在)和"essential being"(本质的存在)乃是"being"(存在)的两种最基本样态(modes of being),两者实际上可以说在其神学中是具有基本对等的地位或分量的[1]。在蒂利希那里,"existence"所指涉的范围实际上含摄了时空中实际存在之万有,而并不仅仅局限于人。因此,若仅仅将之译作"生存",对于蒂利希的思想而言,未免过于狭窄了。

第二,即便单就人而言,人的实存的确具有生存论的意味,这也是蒂利希关于该词一个很重要的应有之义。但是,在蒂利希这里,若将这个词完全等同于"生存",则容易产生误解。因

---

[1] 正是在此意义上,将蒂利希称之为"存在主义神学家"并不那么恰如其分。正如陈家富所指出的,将蒂利希的神学称之为"存在主义神学"(existential theology)实际上"只是一半的准确",因为对于蒂利希而言,实存与本质都是重要而不可缺的;甚至对于这种说法,蒂利希本人就持反对态度。参见:陈家富,《田立克:边缘上的神学》,2008,19—20页,注1。

为一般说到"生存"（或形容词"生存论的"），很容易被人等同于某种主观体验（生存论体验）的状态。不少学者在对存在主义哲学做出批评时，就指责存在主义是主观主义和非理性主义的[1]。但是，这一意义的"生存"却并不合乎蒂利希的原意。因为，尽管蒂利希认为，"existence"这一概念毫无疑问与人的主观体验相关，但是，它更具有本体论的含义。对于蒂利希而言，人的"existence"就是从非存在、虚无抑或"纯粹的潜在性之中站出来"（"stand out" of mere potentiality）但又没有完全脱离非存在之威胁的一种状态[2]。因此，一方面，人的"existence"就是人"对于非存在作为一个人自身存在之一部分的意识"（37页），因而的确具有主观体验的面向；但另一方面，这一主观面向却又有其本体论的根基，它属于"虽超出纯粹潜在性的状态却又弱于它有可能处于的本质性之力"[3]这样一种存在样态，因而它又非单纯个人主观的体验范畴所能涵括。因此，著名神学家麦奎利（John Macquarrie）才会提醒我们：

> 生存的解释本身，可能会导致把基督教改造成为某种与

---

[1] 参见：约翰·麦奎利，《二十世纪宗教思想》，高师宁、何光沪译，上海：上海人民出版社，1989，462—464页。

[2] 参见：Paul Tillich, Systematic Theology, vol. 1, 1951, p.203. 另可参见：约翰·麦奎利，《基督教神学原理》，何光沪译，上海：上海三联书店，2007，55页。

[3] 参见：Paul Tillich, Systematic Theology, vol. 1, 1951, p.203.

人本主义伦理难于区分的东西。正是在这一点上,蒂里希强调本体论的而不是生存论的解释,尤其重要。蒂里希恢复了布尔特曼由于强调伦理和人格范畴而容易丢失的东西——在宗教的全部神秘传统中体验到的上帝的超人格与超理性的深度。[1]

由此可见,"existence"这个词一方面是与本质相对的存在样态,因而不能简单等同于更具含摄力、更为根基性的"being"或"Being"即存在[2];另一方面,它即使单就人而言,也依然具有超出了主观体验的本体论基础,因此,译者在本书中一般都将该词译作"实存",将"existential"译作"实存的",只有在极少数

---

[1] 参见:约翰·麦奎利,《二十世纪宗教思想》,1989,464页。
[2] 限于篇幅与主题,笔者不打算在此就"being/Being"到底应该翻译为"是"还是"存在"展开讨论,仅在此脚注就笔者立场略作说明。在西方的哲学和神学中,"being/Being"一词既具有"存在"的含义,也具有"是"的意思。但是,即使我们有充分的理由将"being/Being"全部都译作"是"或"是者",但这并不等于说,从同样这些理由我们就能直接得出,我们"只能"将之全都译作"是"或"是者"而绝对不应译作"存在"或"存有",甚至干脆认为,后一种译法只会带来对西方思想的误解。例如,对于《圣经》中耶和华向摩西说出的"I am who I am"这句话,我们的确可以很恰当地将之译作"我是我所是"。但是,我看不出来,为什么一定不能够采用另一种也同样通行的译法——"我是自有永有的";或者说,我不明白,为何若将"我是我所是"进一步理解为"我(上帝)的实际存在乃是如其本质所是之存在"的话就只能是一种误读?同理,我也看不出我们只能将神学中的(比方说)"God is a personal being"一语译作"我是人格化/位格化的是者"而不能译作显然更为流畅明白的"我是人格化/位格化的存在(或存有)"的理由到底何在。在笔者看来,这两种译法各有其理由,但并不见得有非如此不可的理由——承认这一点无疑比定于一尊的"一是到底"说更为合适。

明显特指人类的生存处境与生存经验的地方，才顺应文意而译作"生存"和"生存论的"。顺带说一句，这其实也是不少蒂利希作品的译者（如何光沪和杨俊杰等）及其研究者（如赖品超和陈家富等）惯常采用的译法。

另外一个核心概念是"ultimate concern"。对于这个词，有译者译作"终极关切"，也有译者译作"终极关怀"。不过，正如何光沪先生所指出的，在蒂利希那里，这个概念并不仅仅是一种描述主体感受的状态，而且也是这种状态所面对的终极对象，因而同时具有主体和客体两方面的含义[1]。故译者在本书遵循何光沪先生的建议，将之译作"终极关切"而非"终极关怀"。

除此之外，书中还有一些译法，笔者已随文加以解释，就不在此赘述了。

最后，值得一提的是，本书在翻译过程中曾得到不少友人的无私襄助。我的好友洪亮和同事苏峻对于书中的一些希腊文翻译提出了自己专业而严谨的看法。尤其令我感动的是，洪亮还专门帮我咨询了在德国专治古典学的朋友。在此一并予以诚挚感谢！当然，译文如有任何错误，责任在我。

钱雪松

2018 年 1 月 15 日记于和园

---

[1] 参见：何光沪，"编者前言"，《蒂里希选集》（上卷），1999，14—16 页。

目　录

**第一章　存在与勇气**　1

　　勇气与坚毅：从柏拉图到托马斯·阿奎那　3

　　勇气与智慧：斯多亚主义者　10

　　勇气与自我肯定：斯宾诺莎　19

　　勇气与生命：尼采　25

**第二章　存在、非存在与焦虑**　33

　　焦虑的本体论　34

　　焦虑的类型　42

　　焦虑的历史分期　58

**第三章　病理性焦虑、生命力与勇气**　65

　　病理性焦虑的性质　66

　　焦虑、宗教与医学　72

生命力与勇气　　79

### 第四章　勇气与参与　87
　　存在、个体化与参与　88
　　作为部分而存在的勇气的集体主义与半集体主义
　　　　表现　92
　　作为部分而存在的勇气的新集体主义表现　99
　　民主恪守主义中作为部分而存在的勇气　105

### 第五章　勇气与个体化　115
　　现代个人主义的兴起与作为自我而存在的勇气　116
　　作为自我而存在的勇气的浪漫主义形式与自然主义
　　　　形式　119
　　作为自我而存在的勇气的存在主义形式　126
　　当今的存在主义与绝望的勇气　141

### 第六章　勇气与超越　157
　　作为存在勇气源泉的存在之力　159
　　作为通达存在自身之钥匙的存在的勇气　179

第一章

# 存在与勇气

按照特里基金会（Terry Foundation）的规定，该讲座所应关注的是"以科学和哲学为参照的宗教"。据此，我挑选了"勇气"这样一个集神学、社会学和哲学问题于一身的概念。很少有概念像它那样有助于对人类处境做出分析。勇气是伦理学的实在，但却深入到人类实存（exsistence）的整个领域并最终扎根于存在自身的结构之中。要从伦理学来理解勇气，我们就必须首先从本体论角度对之做出思考。

这一点在关于勇气最早的哲学讨论——柏拉图的对话《拉凯斯篇》（*Laches*）——中就已经体现得很清楚了。最初几个关于勇气的定义在对话过程中均被一一地否决了。随后，尼西亚斯（Nikias）这位著名的将军再一次做出尝试。身为军事领袖，他应当知道什么是勇气，也应该能够定义它才对。但他的定义，就像其他定义一样被证明是不充分的。如果勇气如他所断定的那样是关于"何者该敬畏、何者须无畏"的知识，那么，这就成了一个普遍性的问题；因为要回答它，一个人就必须拥有"关于任何情形之中一切善恶"的知识（199，C）。但这一定义与先前关于勇气只是美德之一部分的表述是相冲突的。"因此，"苏格拉底得出结论,"我们依然未能发现勇气是什么"(199,E)。这一失败在苏格拉底的思想框架中是十分严肃的事件。按照苏格拉底的说法,美德是知识,而对"何谓勇气"的无知使得依据勇气的本性而来的任何行动都成为了不可能。但是,这一苏格拉底式的失败较之于绝大多数看上去成功的勇气定义(甚至包括柏拉图自己和亚里士多德的定义)都要重要得多。因为,我们未能找到勇气作为与其他美德相并列的一种美德的定义,这一失败揭示了人类实存的一个基本问题。它表明,对勇气的理解预设了对人、世界以及世界的结构与价值的理解。只有知道这一点的人才会知道要肯定什么和否定什么。对勇气本性的伦理学追问无可避免地会导致对存在本性的本体论追问。这一步骤也可以反而言之:对存在本性的本体论追问也可视作关于勇气本性的伦理学问题来追问。勇气可向我们表明何谓存在,存在也可向我们表明何谓勇气。因此,本书第一章要论及的就是"存在与勇气"。我不敢指望能在苏格拉底失败的地方获得成功,失败的风险几乎在所难免,但甘冒这种风险将有助于让苏格拉底的问题保持活力。

## 勇气与坚毅:从柏拉图到托马斯·阿奎那

本书的书名"存在的勇气"是将勇气概念的伦理学含义和本

体论含义结合在一起了。作为人的行动，作为价值评价，勇气乃是一个伦理学概念；而作为对人之存在的普遍性和本质性的自我肯定（self-affirmation），勇气又是一个本体论概念。存在的勇气乃是人不顾与其本质层面的自我肯定相冲突的那些实存因素而径直肯定他自身存在的伦理学行动。

只要看一下西方思想史，我们就会发现勇气的这两种含义几乎无处不在，不过或隐微或显豁而已。由于我们会用独立的篇章来处理斯多亚学派和非斯多亚学派的勇气观，因此我在此仅限定于从柏拉图到托马斯·阿奎那（Thomas Aquinas）的这一思想路线来阐发勇气概念。在柏拉图的《理想国》中，勇气与灵魂中被称之为"*thymós*"（意气昂扬和勇敢的要素）的东西有关，而这两者又均与被称作"*phýlakes*"（护卫者）的社会阶层相关联。"Thymós"（意气）位于人的理智与感性要素之间。它追求高贵但并未对此加以反思。于是，它位居灵魂架构的中心，在理性与欲望的角立沟分之上架起了一座桥梁。至少它有可能这样去做。但实际上，由于强调理性与感性之间的冲突，柏拉图的主导思想与柏拉图学派的传统都是二元论的；这座桥梁并没有派上用场。直至笛卡尔（Descartes）和康德（Kant），人的存在中这一"居中"者的缺失才引发出伦理学与本体论方面的后果。正是这一缺失导致了康德对道德的严苛以及笛卡尔对存在所做的思想与广延之二分。这一发展进程得以出现的社会学语境是众所周知的。柏拉图的"*phylakes*"（护卫者）是配备了武装的贵族阶层，乃高贵者与优雅者的代表。有智慧的人正是自他们之中产生，由此而将智慧增添到了勇气中。但这一贵族阶层及其价值随之解体。古代晚期的世界与近代的中产阶级一样，都遗落了这些价值；取而代之的是具有启蒙理性的人和通过技术化手段组织起来加以治理的普罗大众。不过在此值得注意的是，柏拉图本人将"居中之意气"（*thymoeidés*）视作了人存在的一个本质功能、一种伦理价值和一份具有社会学意义的品格。

亚里士多德对勇气学说中的这种贵族要素既有所保留又有所限定。根据他的说法，勇于承受苦痛与死亡的动机正在于，如此为之方为高贵，不如此为之则为卑鄙（《尼各马可伦理学》，iii. 9）。勇敢者的行为乃"出于高贵而为之，因为这正是美德之目的"（iii. 7）。在这些篇章和其他段落中，"高贵"和"卑鄙"分别是对"*kalós*"和"*aischrós*"的翻译，后两者通常是与"美"和"丑"相对应的词。美好或高贵的行为是值得称颂的行为。勇气就是去做让人称颂之事并拒绝让人蔑视之事。人所称颂的乃是存在者得以充分实现其潜在性或实现其圆满性之事。勇气乃是对一个人之本质属性、内在目的或其圆成（entelechy）的肯定，但这种肯定自身又具有某种"不顾"（in spite of）的特性。它包含了对某些要素可能的、甚至在某些情形中还是无可避免的牺牲。这些要素也属于人的存在，但若不牺牲它们，我们将无法达成自身的完满实现。这种牺牲包括了愉悦、快乐、甚至是人自身之实存。无论如何,勇敢的行为之所以值得称颂,是因为在它之中,我们存在中的最本质者压倒了次要者。在勇敢的行为中所实现的美与善正是勇气中所本具的美与善。因此,勇气是高贵的。

在亚里士多德那里(一如在柏拉图那里),完满依自然的、个人的和社会的不同等级而得以实现;勇气作为对人的本质存在的肯定,在某些等级中要比其他等级中更为突出。既然对于勇气最大的考验就是做好最大牺牲亦即献出生命的准备,而战士的职业又要求他们随时准备做出这一牺牲,于是,战士的勇气也就一直成为勇气的突出典范。勇气的希腊语"*andreia*"(男子气概)和它的拉丁语"*fortitudo*"(气力)指的都是勇气的军事含义。只要贵族阶层是拥有武装的团体,勇气就会展现出这一贵族和军事的意味。当这一贵族传统解体后,勇气则被界定为关于何谓善恶的普遍知识,智慧由此而与勇气相互交融,因而真正的勇气与战士的勇气区别开来了。苏格拉底临终前的那份勇气是理性和民主的,而不是英雄式和贵族的。

但这一贵族路线在中世纪之初有所复兴。勇气再次成为高贵的特征。骑士作为勇气的代表,既是战士也是贵族。他拥有那种被称之为"hohe Mut"的美德,即那种上位者的、贵族的和勇敢的精神气质。在德语中有两个词可以用来表达"勇敢的"(courageous),即"*tapfer*"和"*mutig*"。"Tapfer"的原义是坚定、有力、重要，指向封建社会上层所具有的存在力量。"Mutig"源自"Mut"，即英语中的"mood"（心情）所意指的灵魂活动；由此又有了诸如"Schwermut"，"Hochmut"和"Kleinmut"（沉重的、高傲的和胆怯的"精神状态"）等词。"Mut"是"心灵"之事，处于人格的核心。因此，"mutig"可以用"beherzt"一词来表达（就像法语和英语的"勇气"一词是来自法语的"coeur"即"心灵"一样）。只是，"Mut"较多地保留了这一层含义，而"Tapferkeit"则越来越用于指称士兵——他们不再等同于骑士和贵族——所具有的特殊美德了。显然的是，"Mut"和"courage"（勇气）等词直接导向了本体论问题，而"Tapferkeit"和"fortitude"（坚毅）在它们今天的含义中却没有这些意思了。我们的讲座不可能起名为"存在的坚毅"（*Die Tapferkeit zum Sein*），而只能是"存在的勇气"（*Der Mut zum Sein*）。这些语言上的说法揭示了勇气概念在中世纪的境遇，以及随之而来存在于中世纪早期的英雄－贵族伦理学与作为基督教－人文主义传统的遗产并于中世纪后期再次走到前台的理性－民主伦理学之间的张力。

这一境遇在托马斯·阿奎那的勇气学说那里获得了经典的表达。托马斯意识到了勇气意义的这种双重性并对之做出了讨论。勇气是内心的力量，能够克服任何会威胁我们成就至善的事物。它和智慧这种将这四大美德（另外两者分别是克制和公正）统一起来的美德是结合在一起的。敏锐的分析将表明，这四种美德并不处于等同的地位。与智慧相结合的勇气，包括了与自我相关的克制和与他人相关的公正。随之而来的问题就是，勇气和智慧中，何者是更能包容另一方的美德？答案取决于关于"在存在的本质以及人的人格性中，是理智在先还是意志在先"这一著名讨论的结果。由于托马斯毫不含糊地站在了理智的一边，其必然的结果就是他将勇气从属于智慧。而坚持意志在先性的选择则会在勇气与智慧的关系上赋予勇气以更大的、尽管仍不完全的独立性。这两条思想路线之间的差异对于如何评价"冒险的勇气"（用宗教性的术语讲即"信仰的风险"）是决定性的。在智慧的统辖下，勇气本质上是一种"心灵之力"，它使得勇气服从于理性（或启示）的支配成为可能；而冒险的勇气则参与到智慧的创造中。第一种观点显而易见的危险在于"无创造之停滞"（uncreative stagnation），就像我们在许多天主教派和一些理性主义思想中所看到的那样，而同样显而易见的，第二种观点的危险则是"无指引之任意"（undirected willfulness），就像我们在一些新教和众多存在主义思想中所看到的那样。

然而，托马斯也为一种更为有限的、与其他美德相并列的勇气含义（他总是将之称作"坚毅"）做出了辩护。在这些讨论中，他与往常的做法一样，将战士的勇气视作这种有限含义的勇气概念的突出典范。这与托马斯将中世纪社会的贵族架构与基督教和人文主义中的普遍主义因素相结合的一般倾向是一脉相承的。

圆满的勇气，据托马斯所说，是圣灵（Divine Spirit）之馈赠。通过圣灵，心灵的自然力量被提升到超自然的圆满层面。然而，这就意味着，勇气与信、望、爱这些基督教的特有美德是相统一的。于是，我们看到了勇气概念的一种发展，即本体论方面的勇气被纳入到信仰（连同盼望）之中，而勇气的伦理学方面则被纳入到爱或伦理学的原则之中。信仰（尤其当它意味着盼望时）对勇气的接纳出现得很早，例如，早在安布罗斯（St. Ambrose）的勇气学说中就已出现。当他将坚毅称作"一切美德中之最崇高者"（哪怕它从不独自出现）时，他遵循的是这一古代的传统。勇气听从理性并实现心灵的意图。它是灵魂的力量，能战胜终极的危险，就像《希伯来书》第11章中所列举的《旧约》中的那些殉道者那样。勇气给人以安慰、耐心和体验，并且变得难以与信仰和盼望区分开来。

从这一发展中，我们可以看到，定义勇气的每一种尝试都要面临如下抉择：要么将勇气用于称呼一种与其他美德相并列的美德，从而将该词之中更广大的那层含义消融到信仰和盼望之中；要么通过对勇气的分析而保留这一层含义并用以对信仰做出阐发。本书遵循的是第二种选择，这部分是因为我相信，"信仰"较之于其他宗教术语，尤其需要这样一种重新的阐发。

## 勇气与智慧：斯多亚主义者

斯多亚主义（Stoicism）和新斯多亚主义（Neo-Stoicism）中的勇气概念是更为宽泛的概念，它包含了伦理学和本体论两方面的要素，在古代的终结处与近代的开端处都发挥着极大的作用。斯多亚主义和新斯多亚主义都属于某种哲学流派，但同时又不只是哲学流派。在古代后期一些最高贵的人物及其近代的追随者那里，它们成为回答实存问题和克服对命运与死亡之焦虑（anxiety）的途径。在这个意义上，不论它是以有神论的形式、无神论的形式还是以超越有神论（transtheistic）的形式出现，斯多亚主义都是一种基本的宗教态度。

因此，在西方世界中，斯多亚主义对基督教而言是唯一真正的替代物。如果我们考虑到如下事实，即基督教在宗教-哲学的领地不得不与诺斯替主义（Gnosticism）和新柏拉图主义（Neoplatonism）竞争而在宗教-政治的领地又不得不与罗马帝国开战的话，那么，这真是一个让人惊奇的论断。受过良好教育、具有个人主义倾向的斯多亚主义者对于基督徒来说看上去非但没什么危险，而且实际上还乐意接受基督教有神论的一些因素。但这不过是流于表面的分析。基督教与古代世界的宗教融合论

（syncretism）有一个共同的基础，那就是神圣者为拯救这个世界而降世的观念。在那些围绕这个观念而开展的宗教运动中，对于命运和死亡的焦虑通过人参与到这一神圣存在之中而得以克服，这一神圣的存在用自身承担起人类的命运与死亡。基督教尽管与这种融合论拥有类似的信仰，但因其在救主耶稣基督身上的个体特性以及《旧约》中具体的历史基础，基督教又要优于融合论。因此之故，基督教可以吸取古代世界晚期这种宗教-哲学上的融合论的许多因素而又不会失去它本身的历史根基；但它却不可能吸收那种真实的斯多亚式的态度。当我们想到斯多亚主义关于逻各斯和自然道德法则的学说对于基督教教义学和伦理学所产生的巨大影响时，这一点体现得尤为明显。但是，对于斯多亚观念的这种大量吸收并未能在斯多亚主义对弃世（cosmic resignation）的接受与基督教对救世（cosmic salvation）的信仰这两者间的鸿沟之上架设起桥梁。基督教会的胜利让斯多亚主义变得湮没无闻，到了近代的开端才重现身影。罗马帝国也并不能成为基督教的替代物。在此，同样明显的是，在罗马帝王中对基督教真正构成威胁的，既非尼禄（Nero）之流的专断暴君，亦非尤利安（Julian）之流的狂热反动派，而是如马可·奥勒留（Marcus Aurelius）这样的虔敬的斯多亚主义者。其原因正在于，斯多亚主义拥有某种社会的和个人的勇气，这种勇气对基督教的勇气而言是真正的替代物。

斯多亚的勇气并非斯多亚哲人的发明。他们不过是用理性化的术语赋予它以经典表达；但其根源可回溯到斯多亚主义兴起之前的神话故事、英雄事迹的传说、早期的智慧格言、诗歌与悲剧，还有此前若干世纪的哲学。尤其有一个事件给予斯多亚的勇气以长久的力量——苏格拉底之死。对于整个古代世界而言，它既是一个事实，也成为了某种象征。它展现了面对命运与死亡时的人类处境。它也昭示了一种勇气，这种勇气之所以能肯定生命，乃是因为它能肯定死亡。它为传统的勇气含义带来一种深刻的变化。在苏格拉底身上，以往那种英雄式的勇气变得理性化和普遍化。一种关于勇气的民主观念得以创造出来，用于反对关于勇气的贵族观念。士兵的坚毅被智慧式的勇气所超越。这种形式的勇气贯穿了充满灾难与迁变的整个古代时期，让古代世界所有领域的许多民众都得到某种"哲学的慰藉"。

塞内卡（Seneca）对斯多亚勇气所做的描述表明，正如死亡的勇气与生活的勇气是相互依存的，对死亡的恐惧与对生活的恐惧也同样相互依赖。他指的是那些"不想偷生却又不知如何赴死"的人。他谈到了"libido moriendi"，而这正是弗洛伊德（Freud）"死本能"（death instinct）一语确切的拉丁原文。他谈到那些觉得生活既无意义又无必要的人，以及如《传道书》中所说的"我手头无有新鲜事，我眼前亦无有新鲜事！"的人。照塞内卡的说法，这是接受了欢愉原则（pleasure principle）的后果，或者,借用新近的美国短语来说,塞内卡将之称作是一种"寻欢作乐"态度(the "good-time" attitude)的结果。塞内卡发现,这种态度尤其出现在年轻一代身上。正如死本能在弗洛伊德那里是"力比多"(the libido)这种永不满足之驱动力的否定方面,因此,在塞内卡看来,接纳欢愉原则必定会导致对生活的厌恶和绝望。但是,塞内卡明白(弗洛伊德亦然),无力肯定生命并不意味着就能够肯定死亡。甚至那些已失去求生意志的人也依然被对命运与死亡的焦虑所支配。这表明,斯多亚主义对自杀的推崇,并不适用于那些为生活所征服的人,而是指向那些征服了生活,因而既能过活亦能赴死、能于生死之间自由抉择的人。成为逃避的自杀不过是听命于恐惧,因而是与斯多亚主义的勇气相冲突的。

斯多亚主义的勇气,不仅在道德意义上也在本体论意义上是一种"存在的勇气"。它基于对人心中的理性的掌控。但在新老派斯多亚主义那里的理性并不是当代术语中所说的理性。在斯多亚主义的意义上,理性不是一种"推理"(reasoning)的能力,即不是一种基于经验运用普通逻辑或数理逻辑工具进行论证的能力。斯多亚主义的理性是逻各斯,既是整体实在的意义结构,又尤其是人类心灵的意义结构。"如果",塞内卡说道,"除理性之外,再无其他属于人之为人的品质,那么,理性就是抵得上其余一切善的一种善。"这意味着,理性是人真正的或本质性的本性,与之相比,其余一切皆为偶然属性。存在的勇气乃是一个人对自身的理性本性的肯定要超过对其身上偶然之物的肯定的勇气。显然，这种意义的理性指向了一个人的人格（the person），这一人格处于他的中心并包含了所有的心理功能。而推理作为一种受局限的认识功能，脱离了这个人格化的中心，是绝不可能创造出勇气的。一个人不可能通过论证来消除焦虑。这并非晚近心理学的发现；在斯多亚主义者高扬理性时，他们就很清楚这一点了。他们清楚，唯有通过贤明之士身上所具有的那种战胜了欲望与恐惧的普遍理性的力量，焦虑方能得以克服。斯多亚的勇气是以人格化中心对存在之逻各斯的顺从为前提的；它参与到理性的神圣力量之中，因而超出了激情与焦虑的领域。我们自身的理性本性与存在本身的理性本性是相统一的；存在的勇气就是不顾我们身上与这种统一相冲突的一切而去肯定我们自身理性本性的勇气。

与智慧的勇气相冲突的乃是欲望和恐惧。斯多亚主义者发展出一套深刻的焦虑学说，这套学说也让我们联想到了一些晚近的分析。他们发现，恐惧的对象就是恐惧本身。塞内卡说道："除了恐惧本身，再没有什么是可怕的。"爱比克泰德（Epictetus）也说过："可怕的并非是死亡或困顿，而是对于死亡和困顿的恐惧。"我们的焦虑为所有人和所有事都戴上了令人畏惧的面具。如果我们将它们的面具摘除，露出其本来面目，那么，它们所带来的恐惧也就消失了。这一点即使对于死亡而言也是真实的。既然每一天都从我们身上取走我们生命的一部分——既然我们每天都在走向死亡——那么就并不是在我们停止存在的最后一刻才带来死亡；它不过是整个死亡过程的完成而已。附加在它身上的恐惧是想象的产物。当这一副面具从死亡的图景中摘除，这些恐惧也会随之消失。

正是我们无法把控的欲望创造出这些面具，并将之安到了人和事物之上。弗洛伊德的"力比多"理论早在塞内卡那里已有所预示，只不过塞内卡将之放到了更大的语境之中。他区分了受约束的自然欲望和从错误的观点中生发且不受约束的自然欲望。其实，欲望本身并非不受约束。在未遭扭曲的本性中，它受到了客观需要的制约，因而是能够满足的。但人那种歪曲了的想象则超出了客观的需要（"一旦你误入歧途，足下将不受拘束"）以及随这些需要而来所可能获得的满足。正是这种想象而非欲望本身，产生了"面对死亡的不明智（inconsulta）倾向"。

不顾欲望和焦虑而对一个人的本质存在做出肯定，这会产生出喜乐。受塞内卡的劝勉，卢西里乌斯[1]以"学会如何体会喜乐"为其志业。他所指的并非因欲望满足而来的那种喜乐，因为真正

---

[1] 原书中的"Lucillus"当为"Lucilius"之误。这里的 Lucilius 应该是指 Lucilius Junior，即卢西里乌斯。他是 1 世纪左右的人，曾在西西里任职，类似于今天所说的财政官或总督。他是著名的斯多亚主义者塞内卡的朋友，年纪比塞内卡略小，目前我们对他的了解主要也是来自塞内卡写给他的书信集《致卢西里乌斯的道德书信集》（Epistu lae Morales ad Lucilium / Moral Letters to Lucilius），又译作《道德书简》。——译者注

的喜乐是一种"严肃的事物";它是"超拔于所有处境之上的"灵魂之幸福。喜乐伴随着不顾我们身上各种偶然因素之局囿而对我们本质性存在所做的自我肯定。喜乐表达的是有勇气对我们自身的真实存在说"是"的情感。勇气与喜乐的结合最为明显地体现了勇气的本体论特征。如果勇气仅仅用伦理学的语言来阐发,那么它与这种自足的喜乐之间的关系就始终是隐匿着的。只有在一个人对自身本质性存在做出自我肯定的这一本体论行动中,勇气与喜乐才相互契合。

斯多亚的勇气既非无神论的,亦非有神论的,如果这是就这两个词的专门意义而言的话。斯多亚主义者提出了"勇气是如何与神的观念相关联的"这一问题。但回应它的方式却使得这一回答产生出更多的疑问。这个事实显示出斯多亚勇气学说在生存论上的严肃性。塞内卡对智慧的勇气与宗教之间的关系曾做过三则陈述。第一则陈述是:"只要不为恐惧所动,不为快乐所扰,我们将无惧死亡,亦无惧诸神。"这句话中的"诸神"代表着命运。他们是决定命运并表征着命运威胁的力量。克服了对命运之焦虑的勇气也同样克服了对诸神的焦虑。贤明之士通过对他参与普遍理性所做出之肯定而超越了诸神的国度。存在的勇气超越了这种多神论的命运力量。第二则陈述是:"贤明之士的灵魂与神相类似。"这里所说的神是神圣的逻各斯,与此逻各斯相统一的智慧之勇气克服了命运并超越诸神。它是"神灵之上的上帝"

（God above god）。第三则陈述用有神论的语言阐明了弃世观念与救世观念之间的区别。塞内卡说，神灵"超然于（beyond）苦难之外"，而真正的斯多亚主义者则"超拔于（above）苦难之上"。这意味着，苦难与神之本性相违。神不可能受苦，故他超然于苦难"之外"。而斯多亚主义者身为人则会承受苦难；但他不会让苦难征服其理性存在之中心。他之所以能超拔于"之上"，是因为苦难并非出自他身上的本质性存在，而不过是其偶然性存在的后果。"超然之外"与"超拔之上"的区分隐含着一种价值判断。有勇气去克服欲望、苦痛和焦虑的圣贤将"超过神本身"。他高于神，因为后者乃是凭其天性之完满与至福而超脱于这一切之上的。以此价值评判为基础，智慧之勇气与弃世观念就可以用救世观念中的信仰之勇气所取代；这是对一位以悖谬的方式参与到人类苦难之中的上帝的信仰。只不过，斯多亚主义本身从未能够迈出这一步。

在追问以下问题之处，斯多亚主义达到了它的界限：智慧之勇气何以可能？尽管斯多亚主义者强调，人皆平等，因为他们都参与到普遍的理性之中，但是，他们不可能否认智慧仅为有限的少数精英所拥有这一事实。他们承认，绝大多数民众都是受制于欲望与恐惧的"顽愚者"。尽管他们的本质或理性本性均参与到神圣的逻各斯之中，但大多数人处于与他们自身的理性相冲突的实然状态中，因而无法勇敢地对本质性存在做出肯定。

对于斯多亚主义者来说，他们无法否认这种情形，但却不可能对之做出解释。他们不仅无法解释为何"顽愚者"在民众中占据了统治地位，而且，要解释那些发生在贤明之士身上的事对他们来说也是一道难题。塞内卡说，再没有比自彻底绝望中生发的勇气更为伟大了。但，人们必须追问，这位斯多亚主义者曾经以斯多亚主义者的方式达到过"彻底绝望"的境地吗？他是否能在他的哲学框架内企及这种状态呢？还是说，在他的绝望之中，以及随之而来的，在他的勇气之中，有某样东西是缺失的呢？身为一名斯多亚主义者的他并未体验过来自个人之罪疚（guilt）的绝望。爱比克泰德曾引用色诺芬（Xenophon）在《回忆苏格拉底》（*Memorabilia*）中所记载的苏格拉底的话为例子——"我始终坚持为我所支配之事物"以及"在个人生活或公共生活中，我从未曾犯过错"。而爱比克泰德本人则断言，他已经学会不为他道德目的之外的任何事情所挂虑。但这些论述更多揭示出的是某种优越与自满的一般态度，这种态度成为这位斯多亚主义者的《论说集》（*diatribai*）中那些道德讲演与公开指控的特点。这位斯多亚主义者不可能像哈姆雷特那样，认为"良心"会将我们所有人都变成懦夫。他也不会将从本质之理性到实存之顽愚的普遍堕落看成是关乎责任和罪疚的问题。对他而言，存在的勇气就是不顾命运与死亡而肯定自身的勇气，但却并非不顾罪与疚而肯定自身的勇气。其实两者并无不同：因为面对自身罪疚的勇气所引向的正是关于拯救而非弃舍（renunciation）的问题。

## 勇气与自我肯定：斯宾诺莎

当救世的信仰取代了弃世的勇气，斯多亚主义也就随之退居幕后。然而，当为拯救问题所统治的中世纪体系开始瓦解之际，它却又再次回归。对于一位拒斥救赎之道但却还没有代之以斯多亚弃舍之道的知识精英而言，它又一次变得举足轻重。由于基督教对于西方世界的冲击，这一古老的思想学派在近代开端处的复兴并不只是一种复兴，它同时也是一种转化。不仅怀疑主义和斯多亚主义的复兴如此，柏拉图主义的复兴亦然；而艺术、文学、国家理论与宗教哲学的更替也同样如此。在所有这些情形中，古代晚期对于生命感受的否定性转变为基督教有关创造与道成肉身观念的肯定性，哪怕这些观念不受重视或不为人所承认。古希腊的人文主义对异教有所批评，而现代人文主义亦对基督教有所批评；尽管如此，但正如古代人文主义的精神实质依然是异教的一样，文艺复兴的人文主义精神实质也依然是基督教的。这两类人文主义之间的决定性差别是对于"存在是否本质上是善"这一问题的回答。创造之象征意味着古典基督教关于"存在之为存在乃是善"（*esse qua esse bonum est*）的学说，而希腊哲学中"抗拒质料"（resisting matter）的学说则表达了异教的如下感受："既然存在既分有创造性的形式也分有抑制性的质料，那么存在就必定是歧义性的（ambiguous）"。基础本体论概念中的这一对峙产生了种种重大的后果。在古代晚期，各种形式的形而上学和宗教上的二元论都与这种禁欲理想——质料的消极方面——密不可分；而古代世界在现代的再度降临则通过对物质王国的积极塑造取代了禁欲主义。在古代世界，对于生存的悲剧感主宰着思想与生命，尤其主宰着人们对待历史的态度；但文艺复兴则开启了眺望未来以及着眼未来中那些富于创造和出新之事物的运动。盼望战胜了悲剧感，对进步的信念征服了对循环往复的顺从。这种基础本体论的差异所引发的第三个后果，是古代人文主义与现代人文主义在评价个体上的对立。古代世界并不将个体视为个体，而是将之视为普遍之物（如某种价值）的代表；而古代在现代的这一再现则将个体作为个体来对待，把个体视作宇宙中的独特表现，不可比较、无可取代，并且具有无限的意义。

显然，这些不同在对勇气的阐释上引发了极大的差别。我在此所指的并非是弃舍与救赎之间的对峙。现代人文主义依然是人文主义，它拒绝救赎的理想。但现代人文主义也同样拒绝弃世。它取而代之的是一种自我肯定；这种自我肯定超越了斯多亚的自我肯定，因为它将物质、历史和个体三方面的实存皆囊括进去了。然而，这种现代人文主义与古代的斯多亚主义之间的共同点又是如此之多，以至它可被称之为"新斯多亚主义"（Neo-Stoicism）。斯宾诺莎（Spinoza）正是其代表。正是在他而非其他任何人那里，勇气的本体论才得到了详尽的阐发。当他将其主要的本体论著作称之为"伦理学"的时候，他便通过这个标题本身表明了他的意图，即要昭示出人的伦理性生存——包括人存在的勇气——的本体论根基。但在斯宾诺莎那里，一如在斯多亚主义者那里，存在的勇气并不是与其他美德相并列的一员。它是一切参与到存在之物本质性行为中的一种表达，即自我肯定。自我肯定学说是斯宾诺莎思想的中心要素。它的决定性特征在如下命题中得以显明："一物竭力保持其存在的这一努力不是别的，即是该物的现实本质。"（《伦理学》iii，命题7）[1] "努力"（endeavor）的拉丁语是"*conatus*"，即竭力追求某物。这种追求并非事物的偶然方面，也并非它存在中与其他要素并列的某个要素，它是该事物的现实本质（*essentia actualis*）。这一努力使得一事物成为其所是，以至如果这一努力消失，该事物自身亦随之消失（《伦理学》ii，定义2）。朝向自我持存或自我肯定的追求使得一事物成为其所是。斯宾诺莎将这一作为事物之本质的竭力追求也称之为事物

---

[1]《斯宾诺莎基本著作集》，R. H. M. Elwes 译（London, George Bell and Sons, 1919）。中译本可参见：斯宾诺莎，《伦理学》，贺麟译，北京：商务印书馆，1997，106页。——译者注

的力量，并且他还谈到肯定或设定（*affirmat sive ponit*）其活动力量（*ipsius agendi potentiam*）的心灵（《伦理学》iii，命题54）。于是我们就将现实本质、存在的力量以及自我肯定等同起来了。而更多的等同也随之而来。存在的力量等同于美德，而美德随即又等同于本质性的本性。美德是一种只依照它的真实本性而行动的力量。美德的高下就是人在为自身存在而奋斗且肯定其存在这一过程中所能达到的程度之高下。不可能设想存在任何先于保持自身存在这一努力的美德（《伦理学》iv，命题22）。也可以说，自我肯定就是全部的美德。但自我肯定是对一个人的本质存在的肯定，而关于人本质存在的知识则是以理性这种追求充分观念的灵魂力量为中介方可获得的。因此，无条件地遵循美德而行动也就是在理性的指导下去行动，去肯定一个人的本质性存在或其真实本性（《伦理学》iv，命题24）。

正是在此基础上，勇气与自我肯定的关系得到了解释。斯宾诺莎（《伦理学》iii，命题59）使用了"*fortitudo*"和"*animositas*"这两个术语。"Fortitudo"（正如在经院哲学的术语中一样）是灵魂的力量，是它如其本质所是地存在的力量。"Animositas"出自"*anima*"，即灵魂，是个人整体行动意义上的勇气。其定义如下："所谓勇气，我意指每个人唯独依据理性的命令努力保持自身存在的欲望（*cupiditas*）。"（《伦理学》iii，命题59）这一定义引向了另一个等同，即将勇气与美德大体地等同起来。但斯宾诺莎区分了"*animositas*"和"*generositas*",后者是为谋求友情与支持而加入其他人之中的欲望。一个含摄一切的勇气概念与一个受到局限的勇气概念所构成的二重性,是与我们曾经指出的勇气观念的整个发展过程相对应的。在斯宾诺莎严格而融贯的系统哲学中,这是一个显著的事实,它展现出通常决定了勇气学说在认识上的两个动机:本体论的普遍动机和道德上的特定动机。这对于伦理学中最为棘手的自我肯定与对他人之爱的关系问题,产生了影响深远的后果。对斯宾诺莎而言,后者蕴含在前者之中。既然美德等同于自我肯定的力量,既然"慷慨大度"是心怀仁慈地走向他人的行动,那么在自我肯定与爱之间就并无冲突可言。这当然预设了,自我肯定不但不同于道德品格意义上否定性的"自私",而且还与之相对立。自我肯定与"存在的缩减"(reduction of being)在本体论上是对立的,存在的缩减是由那些与一事物本质性的天性相矛盾的情感所引起的。弗洛姆(Erich Fromm)充分表达了这一思想:正当的自爱与正当的对他人之爱是相互依存的,而自私与轻慢他人也同样相依相生。斯宾诺莎的自我肯定学说既包括了正当的自爱(尽管他并没有使用"自爱"这个连我本人也颇感踌躇的术语)也包括了正当的对他人之爱。

自我肯定,按照斯宾诺莎的说法,就是参与到神的自我肯定之中。"个体事物,当然人也在内,借以保持其存在的力量就是神的力量。"(《伦理学》iv，命题 4）灵魂对神的力量的参与可由知识与爱的语言来描述。如果灵魂是"*sub aeternitatis specie*"（在永恒的形式下）来认识自身（《伦理学》v，命题 30），那么，它也就认识到它在神之中的存在。而这种对神以及对灵魂在神之中的存在的认识乃是成就圆满至福的原因，也是造就朝向这种至福之因的圆满之爱的原因。这种爱是精神性的（*intellectualis*，理智性的），因为它是永恒的情感，并不屈从于与肉体性实存相关的那些激情（《伦理学》v，命题 34）。这种爱参与到无限的精神之爱中；神用这种无限的精神之爱来观照和爱他自身，并通过对自身的爱，神也爱那从属于他的人类。这些论述回答了与勇气本性有关但过去一直没有得到回答的两个问题。它们解释了为什么自我肯定是每一个存在以及最高之善的本质属性。圆满的自我肯定并非源自个体存在的孤立行为，它参与到普遍的或神圣的自我肯定行为之中；这种普遍的或神圣的自我肯定行为成为每一个体行为之中的源生性力量。在这一观念中，对勇气的本体论表达直达其根本。它们所回答的第二个问题是关于使得欲望与焦虑之克服得以可能的力量的问题。斯多亚主义者对此没有提供回答。斯宾诺莎从他的犹太教神秘主义那里用"参与"（participation）这一观念做出了回答。他知道，一种情感只能被另一种情感所征服，而唯一能够克服激情这种情感的就是心灵的情感，即灵魂对它自己永恒根基的那种精神性或理智性的爱。这种情感是灵魂参与到神的自爱之中的体现。存在的勇气之所以可能，是因为它参与到对存在本身的自我肯定之中了。

然而，正如在斯多亚主义者那里一样，在斯宾诺莎这里依然有一个问题没有得到回答。这个问题在《伦理学》的结尾处由他本人所提出。斯宾诺莎问道，为什么他所显明的救赎之道几乎为每一个人所忽视？他在全书的最后一句话中黯然神伤地答道，因为正如一切高贵的事物那样，救赎之道是艰难的，因而也是稀少的。这也是斯多亚主义者的回答，只不过用的不是救赎，而是弃舍。

## 勇气与生命：尼采

如果从本体论上看，不仅我们做解释用的"自我肯定"概念，而且还有斯宾诺莎的自我持存（self-preservation）概念，都提出了一个严肃的问题。假如在（比方说）无机界或无限实体即存在本身之中，根本就没有自我，那么，自我之肯定又意味着什么呢？认为不可能将勇气赋予实在的广大领域乃至构成一切实在之本质领域，这难道不是勇气并不拥有本体论特征的一个证明吗？难道勇气不是人类的一种品质，它只有通过不甚恰当的类比才能赋予那些哪怕是较为高等的动物身上吗？难道这不是决定了我们对于勇气只能采取道德的而非本体论的理解吗？在说出这一证明时，我们不由想到人类思想史中反对众多形而上学概念的类似证明。诸如世界灵魂（world soul）、微观宇宙（microcosmos）、本能（instinct）、强力意志（will to power）等，都被指责说是要将主体性引入到事物的客体性领域中。但这些指责是错误的。它们未能领会到这些本体论概念的意义。这些概念的功能并不是用我们日常经验的主体方面或客体方面去表述实在的本体论性质。一个本体论概念的功能是要用经验的某个领域去指明存在本身的特征，这一特征处于主体性与客体性的分立之上，因而不可能用主体的或客体的语言来表达。本体论用类比的方式来谈论。作为存在的存在超越主体性，也超越客体性。但为了在认知上接近它，人们又必须运用这二者。而我们之所以能这样做是因为这两者皆根植于超越这两者之处，即根植于存在本身。我们必须解释的正是这些本体论概念所意指的这一思考角度。它们必须从类比而非字面的意义来理解。这并非是说，它们是独断地产生的，因而可以很容易用其他概念取而代之。对它们的选择关乎经验和思想，而且服从于能判定它们每一个概念到底是否充分的那些标准。这对于像自我持存或自我肯定这样的概念来说也是如此，假设我们是从本体论意义来理解的话。这对于一种有关勇气的本体论的每一部分都是真实的。

　　不管自我持存还是自我肯定，逻辑上都蕴含了对（至少是潜在地）威胁或否定自我的某物的克服。这一"某物"不论在斯多亚主义还是新斯多亚主义那里均没有得到解释，尽管两者皆预设了它。在斯宾诺莎那里，甚至不可能在他的系统框架内部对这样一个否定因素做出说明。如果一切事物皆遵循从永恒实体之本性而来的必然性，那么，没有一个存在有力量去威胁另一个存在的自我持存。每一事物都将如其所是地存在，因此自我肯定不过是一物简单等同于自身的一种夸张说法而已。但这当然不是斯宾诺莎的意思。他谈到了一种真正的威胁，甚至谈到他关于绝大多数人都屈从于这一威胁的经验。他谈到"*conatus*"即努力追求，也谈到"*potentia*"即自我实现之力。尽管这些词语皆不能从字面上来理解，但它们也不能被视作无意义而打发掉。它们必须类比地理解。从柏拉图和亚里士多德开始，力（power）的概念在本体论思想中扮演着重要的角色。诸如"动力"（*dynamis*）和"潜力"（*potentia*）等用于刻画存在真实本性的术语为尼采（Nietzsche）的"强力意志"铺平了道路。同样，从奥古斯丁（Augustine）和邓·司各脱（Duns Scotus）开始直到波默（Boehme）、谢林（Schelling）和叔本华（Schopenhauer），他们也为用于终极实在的"意志"一词做好了准备。尼采的强力意志将这两个词统一起来，而且必须从它们的本体论意义来理解。人们或许会悖谬地说，尼采的强力意志既非意志亦非强力，也就是说，它既非心理学意义的意志亦非社会学意义的权力。它指的是对生命之为生命的自我肯定，包含了自我的持存与成长。因此，意志并不追求它所不拥有的某物，某个外在于它的对象，却在自我持存与自我超越的双重意义上意欲成为它自身。这既是它所拥有的力量，也是施加于它自身的力量。强力意志是作为终极实在的意志的自我肯定。

尼采是所谓的"生命哲学"（philosophy of life）这一学说最让人印象深刻也最具影响力的代表。这里的生命是存在之力现实化自身的过程。不过，在这一现实化自身的过程中，它克服了生命中那尽管属于生命却又否定生命的东西。我们可将之称作与强力意志相抵牾的意志。在《查拉图斯特拉如是说》题为"死亡之说教者"（"The Preachers of Death"）的那一章中，尼采指出，生命要力求接受对它自身的否定的不同道路："他们遇到一个病人、一位老人或者一具死尸，他们就立即说：'这是对生命的驳斥！'但被驳倒的只是他们自己和他们的眼睛，因为他们的眼睛所追寻到的只是生存的一面。"[1] 生命拥有众多面向，它是歧义性的。在《强力意志》这部片段集的最后一篇中，尼采最典型地描绘了生命的这种歧义性。勇气就是不顾这种歧义性而去肯定自身的生命强力，哪怕生命的否定因其否定性而成为怯懦的一种表现。在此基础上，尼采预见到了与他在随后的年代中所看到的生

---

[1]《尼采全集》，Oscar Levy 主编（London, T.N. Foulis, 1911），第 2 卷，Thomas Common 译。

命之平庸和颓废相对立的勇气，并为之发展出一套勇气的哲学。

如同先前的哲人那样，尼采在《查拉图斯特拉如是说》中将"战士"（他将之与单纯的士兵相区别）视作勇气的突出例子。"汝问，'何谓善？'有勇即善"（I，10），这可不是孜孜于长寿以求苟活；所有这些只不过是出于对生命的热爱。战士之死与成熟者之死并无损于大地。自我肯定乃是对生命的肯定，也是对从属于生命之死亡的肯定。

美德之于尼采如同它之于斯宾诺莎，亦是一种自我肯定。在"论有德者"（"The Virtuous"）那一章中，尼采写道："你们的美德便是你们最珍爱之自我。在你们心中有着回环的渴望：要再次达到自身，每一回环皆为此奋斗，回到自身"（II，27）。这一类比比任何定义都更好地描述了自我肯定在生命哲学中的意义：自我拥有自身，同时它又力求达到自身。在此，斯宾诺莎的"*conatus*"成为动态的，正如通常所说，我们可以说尼采是用动态的语言而复活了的斯宾诺莎：尼采的"生命"取代了斯宾诺莎的"实体"。不仅尼采如此，绝大多数生命哲学家亦然。美德的真理正在于，自我就内在于美德之中，而"并非一外在之物"。"你的自我之在你行动中，犹母亲之在婴孩中：让此成为你的美德公式吧！"（II，27）就勇气对一个人之自我的肯定而言，勇气就是全部的美德。对其自我肯定而成为美德与勇气的那一自我，就是超出自身的自我："这便是生命亲自说与我听之秘密。

'看呵,'她说,'我便是那必须不断超过自身者'"（II, 34）。通过"必须不断超过自身者"这最后几个字,尼采表明了,他想对生命的本质属性给出一个定义。"……在那儿,生命便奉献它自身——为了强力!"他继续用这些语词表明了:对他而言,自我肯定包含自我否定,但不是为否定而否定,而是为了最大可能的肯定、为了他所称之的"强力"。生命在创造,生命也爱它所创造的——但旋即它必须转而反对它:"我（生命的）意志要我如此。"（II, 34）因此,说"生存之意志"甚或"生命之意志"都是不正确的;我们必须说"强力意志",即意欲更多生命的意志。

　　生命意欲超越它自身,这样的生命方为善的生命。这一善的生命即有勇气的生命。它是那"有力灵魂"与"强健肉体"的生命;而生命的自我享用即为美德。这样的灵魂摒弃"一切怯懦之物;它说道:所谓坏——那就是怯懦"（III, 54）。但要达到这一高贵,它必须既服从命令又发布命令,并且它所命令的正是它所要服从的。这种包含在命令中的服从乃是顺从的对立物。后者是不敢自我冒险的怯懦。这一顺从之自我是自我肯定中那个自我的对立面,哪怕它是对上帝的顺从。顺从之自我想要逃避伤害与被伤害的痛苦。而相反,服从之自我是能命令自我并肯"拿自我冒险"（II, 34）的自我。在对自我的发号施令中,它同时成为了自己的法官和自己的受害者。它依照生命的法则,即自我超越的法则向自己发号施令。这一向自身发号施令的自我就是创造性的意志。它要自生命的碎片和谜团之中造出整体。它不回望过往,它迥出败坏的良知之外,它拒绝"复仇精神"这一属于自我谴责与罪疚之心灵最内在的本性,它超越了妥协,而这一切都因为它是强力意志(II,42)。在做所有这一切的过程中,勇气之自我与生命本身及其秘密统一起来了(II,34)。

我们不妨用以下引文来为我们关于尼采的勇气本体论所做的讨论做一结语:"你们有勇气吗,哦,我的兄弟们?……不是在证人面前的勇气,而是隐士和鹰隼的勇气,即使天神亦不再能正视?……有雄心之人,知道恐惧,却能克服恐惧;望见深渊,却能昂然傲视。他望见深渊,却以鹰之眼光注目——并以鹰之利爪攫取深渊:这种人有勇气。"(IV,73,第四节)

这些话揭示了尼采的另一面:尼采因领受"上帝已死"的消息而迈入全然的孤独之中,而他的这另一面就是他在这种全然的孤独中去向非存在之深渊一探究竟的勇气;这种勇气让他成为一名存在主义者。有关这一点,我们在稍后的篇章中还有更多要说。目前,我们必须结束这一历史回顾,这一回顾并不是勇气观念的历史。它有双重目的。它旨在表明,从柏拉图《拉凯斯篇》到尼采《查拉图斯特拉如是说》的西方思想史中,有关勇气的本体论问题一直吸引着那些有创造力的哲学的关注。这部分是因为勇气的道德特性如果少了其本体论特性将是不可把握的,部分则是因为对勇气的体验被证实为是本体论上通达实在的关键钥匙。进而,这一历史回顾是要为系统地处理勇气问题——首要是为本体论上的自我肯定概念的基本特征及其各种解释——提供概念上的素材。

第二章

# 存在、非存在与焦虑

## 焦虑的本体论

### 非存在的意义

勇气是具有"不顾"性质的自我肯定,它不顾那些有可能妨碍自我去肯定自身的因素。与斯多亚-新斯多亚的勇气学说不同,"生命哲学"一直严肃而肯定地看待那些与勇气相对立的因素。因为如果我们用生命、过程或生成的语言来阐发存在,那么,非存在就在本体论上与存在一样根本。承认这一事实并不意味着要断定存在对非存在的优先性,而是要求我们在本体论的基础上来思考非存在。当一个人说勇气是解释存在本身的一把钥匙,他说的或许是,当用这把钥匙打开存在的大门,它将同时发现存在、对存在之否定以及它们二者的统一。

非存在是最棘手且讨论最多的概念之一。巴门尼德(Parmenides)试图不让它成为概念。但如此一来他就不得不牺牲掉生命。德谟克利特(Democritus)重建了它并将之等同于虚空，以让人们可以思考运动。柏拉图使用非存在的概念，因为少了它，实存与纯粹本质之间的对比就是无法理解的。这一点也隐含在亚里士多德关于质料与形式的区分中。非存在赋予普罗提诺（Plotinus）描述人类灵魂中丧失自我的种种方式，也让奥古斯丁获得了对人类罪性做出本体论诠释的手段。对于雅典大法官伪狄奥尼索斯（Pseudo-Dionysius the Areopagite）来说，非存在成为他关于上帝的神秘主义学说的原则。雅可布·波默（Jacob Boehme）这位新教的神秘主义者和生命哲学家，曾有过"万事皆于一是一否中有其根源"的著名说法。在莱布尼茨关于有限性与恶的学说以及在康德对范畴形式有限性的分析中，非存在亦都蕴含其中。黑格尔的辩证法使得否定成为自然与历史的动力；而自谢林与叔本华以来，生命哲学家将"意志"用作基本的本体论范畴，因为它拥有否定自身却又不失去自身的力量。在像柏格森和怀特海这样的哲学家中，过程与生成的概念不仅意味着存在，也同样意味着非存在。晚近的存在主义者，尤其是海德格尔和萨特，将非存在（Das Nichts, le néant）置于他们本体论思想的中心；而别尔嘉耶夫（Berdyaev）这位狄奥尼索斯与波默的追随者，则发展出一套非存在的本体论以解释上帝与人身上的那种"超本体论的"（meontic）自由。这些运用非存在概念的哲学方式可视作针对被造之万物皆流变（transitoriness）这一宗教性体验以及人类灵魂与人类历史中的"恶魔化"力量所形成的整个背景而发的。在圣经传统的宗教中，尽管有创世的学说，但这些否定性依然在其中占据重要位置。这一恶魔化、反神圣的原则仍然参与到神圣者的力量之中，它由此出现在圣经故事的舞台中心。

有鉴于此，一些逻辑学家否认非存在具有概念化特性并力图将它从除否定性判断形式之外的哲学场景中抹除的做法就没有太多意义可言了。因为其问题在于：否定判断这一事实关于存在之特性到底说了些什么？什么是否定判断的本体论条件？否定判断在其中得以可能的那个领域又是如何构建的？当然，非存在与其他概念不同。它是对每一个概念的否定，但它又因此成为思想无法逃脱的内容，而且，正如思想史所表明的，它是仅次于存在本身的最重要的概念。

如果问，非存在是如何与存在本身相关联的，那么我们只能隐喻地回答：存在"拥抱"它自身与非存在。存在在它"之中"（within）拥有非存在，这一非存在作为神圣生命过程中永远在场又被永远克服之物而出现。万物存在之根基并非没有运动与生成的死气沉沉的同一性；它是活泼泼的创造性。创造性肯定它自身，永远在克服它自身的非存在。如此它又是每一个有限存在者自我肯定的模式和存在勇气的源泉。

勇气通常被描述为克服了恐惧的心灵力量。恐惧的意义看上去如此显白，似乎不值得我们多加探究。但在过去20年间，与存在主义哲学相配合的深层心理学（depth psychology）却在恐惧与焦虑之间做了明确的区分,并对两者中的每一个都给出了更为精确的定义。当前的社会学分析也指出了焦虑作为一种群体现象的重要性。文学和艺术,不论是内容上还是风格上,也将焦虑作为它们的创作主题。这一切的后果就是至少唤醒了受教育阶层,让其意识到他们自身的焦虑,并通过焦虑的种种观念和象征而使得这种焦虑渗透到公众的意识中。今天,将我们这个时代称之为"焦虑的时代"已几乎成为老生常谈了。这在美国和在欧洲都同样如此。

然而,勇气的本体论必须将焦虑的本体论囊括进来,因为它们是相互依存的。可以设想,在勇气的本体论视角下,焦虑的一些根本方面或许会变得清晰可见。有关焦虑之本性的第一个论断是:焦虑乃是存在意识到它可能成为非存在时的一种状态。同样的表述,用更简短的形式来说就是,焦虑是对于非存在的实存的意识。在这句话中,"实存的"意指它并非关于产生焦虑之非存在的抽象知识,而是对于非存在作为一个人自身存在之一部分的意识。它并非普遍存在的转瞬即逝特性的实现,甚至也不是对他人死亡的经验,它是这些事件所引发的印象,即关于我们自己也终有一死的潜在意识,而正是这些潜在意识产生了焦虑。焦虑是有限性,是对一个人自身有限性的经验。这是人之为人自然产生的焦虑,在某种程度上也是所有有生命的存在者自然而有的焦虑。它是对于非存在的焦虑,是一个人的有限性之为有限性的意识。

**恐惧与焦虑的相互依存**

焦虑与恐惧有着相同的本体论根源，但它们在现实性上并不相同。这本是众所周知的看法，但它由于一直被强调以至过了头，使得有可能会出现一种对它的反弹，而且这种反对意见不仅取消了它们夸大的部分，还连同它们之间区别的真理也一同抹杀了。恐惧，作为焦虑的对立面，（如大多数作者所同意的那样）有着确定的对象，人们可以直面它、分析它、攻击它和忍受它。人能对之采取行动，并藉此行动而参与其中——哪怕采取抗争的形式。以此方式，人可将恐惧纳入到他的自我肯定中。勇气之所以能够与每一个恐惧的对象相遇，是因为它是一个客体并且它使得参与得以可能。勇气之所以能够将确定对象所产生的恐惧纳入自身，是因为这一对象无论多么地让人俱畏，依然会存在某个能让我们参与到它之中、也让它参与到我们之中的面向。可以说，只要存在恐惧的对象，参与意义上的爱就能够征服恐惧。

但是，这对于焦虑而言却并不如此，因为焦虑没有对象，毋宁说，用一种悖谬的说法，焦虑的对象乃是对每个对象的否定。因此，与此对象相关的参与、抗争和爱就都是不可能的。处于焦虑中的人是被无助地放逐到焦虑面前的，只要那是纯然的焦虑。这种焦虑中的无助感我们可从动物和人类中观察得到。它表现为迷失了方向、不能做出足够的反应和失去了"意向性"（intentionality，它与知识或意志中具有意义的内容有关）。之所以出现这种有时让人震撼的行为，是因为缺失了一个能让（焦虑中的）主体聚焦其上的对象。仅有的对象只是威胁本身，但它并非威胁的源泉，因为威胁的源泉乃是"虚无"（nothingness）。

我们或许会问，这一威胁性的"虚无"难道不会是未知之物，即某种现实威胁的不确定的可能性吗？难道焦虑不是终止于恐惧的某种已知对象出现之际吗？如此一来，焦虑就是对未知之物的恐惧。但这不过是对焦虑的一种不充分的解释罢了。因为存在不可胜数的未知事物的领域，它们对于每一个主体都各不相同，而且主体在面对它们时也不会产生任何焦虑。人们怀着焦虑所遇到的是一种特定类型的未知之物。那是就其本性而言不可能被认知的未知之物，因为它就是非存在。

恐惧与焦虑虽有区别但并不分离。它们彼此内在于对方：恐惧的刺激就是焦虑，而焦虑则努力向恐惧转变。恐惧是害怕某物，害怕痛苦，害怕被人或团体拒绝，害怕失去某物或某人，害怕死亡时刻的到来。威胁来自这些事物，但人在参与到这一威胁之中时，让他感到怖畏的并非施加到主体之上的这种否定性本身，而是对这一否定性所可能意味之事的焦虑。突出的例子——它并非一个例子而已——是对死亡的恐惧。就其为恐惧而言，它的对象是因疾病或事故而步入死亡的这一事件以及由此而来的剧痛和失去一切。而就其为焦虑而言，其对象则是"死后"那绝对的未知，这一非存在即使被我们当下经验的种种意象所充满，但它依旧还是非存在。哈姆雷特在做"存在还是不存在"这一番独白时所处的梦境，我们死后也可能会遇到，它们让我们所有人都变得懦弱；但它们之所以可怕，并不是由于它们显现的具体内容，而是由于它们在象征虚无——用宗教的话讲即"永恒死亡"——这一威胁时所展露出的力量。但丁（Dante）所创造的地狱象征之所以会引发焦虑也并不是因为它们对象化的意象，而是因为它们表达了在对罪疚之焦虑中所经验到的"虚无"的力量。《地狱篇》所描绘的每一种情境都有可能让基于参与和爱之上的勇气所碰上。但这当然是不可能的；换言之，它们并非真实的场景，而不过是对无对象亦即虚无的种种象征而已。

对死亡的恐惧决定了每一种恐惧中的焦虑成分。如果焦虑没有因对某个对象之恐惧而改变，即就纯然的焦虑而言，它永远是对终极之非存在的焦虑。直接地看，焦虑是因无法应付某种特殊境遇的威胁而产生的痛苦感受。但更确切的分析则表明，在关于某种特定情境的那种焦虑中，隐含着对于人类境遇本身的焦虑。它是对无法保持自身存在的焦虑，这一焦虑潜伏在每一种恐惧之下，并成为恐惧之中可怖畏的因素。因此，在"纯然之焦虑"（naked anxiety）攫取住心灵的那一刻，先前恐惧的种种对象不再是确定的对象。它们作为它们以往某种程度上一直所是者，即人基本焦虑的各种症状而出现。如此一来，即使最有勇气的进攻也无法触及它们。

这一处境驱使焦虑的主体要去构建恐惧的对象。焦虑力求成为恐惧，因为恐惧能够被勇气所触及。对于有限的存在者而言，纯然的焦虑是一刻也无法忍受的。体验过这些时刻的人，例如洞见"灵魂之夜"异象的神秘主义者（mystics），或如遭到魔鬼侵袭而深感绝望的路德（Luther），又或尼采笔下体验到"极大恶心感"的查拉图斯特拉等，都曾谈到这种纯然焦虑带来的无法想象的恐怖。在日常生活中，人们通过将焦虑转变为对某物（不论它是什么）的恐惧来逃避这种恐怖。人类的心灵不仅如加尔文所说，是制造偶像的永恒工场，它还是制造恐惧的永恒工场——这首先是为了逃避上帝，其次则是为了逃避焦虑；而这两者之间又是有关联的。因为直面真正的上帝就意味着要直面非存在的绝对威胁。这"纯然的绝对者"（naked absolute）（借用路德的短语）产生了"纯然的焦虑"；因为它是对每一个有限的自我肯定的摒弃，而并非恐惧与勇气所可能面对的对象（详见第五、六两章）。但是，将焦虑转变为恐惧的那些努力，终极而言是徒劳无功的。根本上的焦虑，即一位有限存在者对于非存在威胁的焦虑，是不可能被消除的。它属于实存本身。

## 焦虑的类型

### 焦虑的三种类型与人的本性

非存在依赖于它所否定之存在。"依赖于"意味着两样东西。首先,它指明了存在对于非存在在本体论上的优先性。非存在这一术语本身就表明了这一点,而这在逻辑上是必然的。如果不对要被否定者先做肯定就不可能有否定。当然,一个人可以用非-非存在(non-nonbeing)来描述存在;并且他能通过指出一个令人震惊的先于理性之事实,即存在某物而非无物存在,来证成这一描述。他可以说:"存在是对虚无这一原始黑夜的否定。"但当这样说时,他必须认识到,这样一种源初的虚无既非无物亦非某物,而它只有与某物相对照才会成为无物;换言之,非存在之为非存在,其本体论地位依赖于存在。其次,非存在依赖于存在的特殊属性。非存在就其自身并无任何属性,也无任何属性间之差异可言。但它却在与存在的关联之中获得它们。存在之否定的特性取决于所否定之存在的特性。这使得谈论非存在的性质以及随之而来的焦虑类型的性质成为可能。

到目前为止,我们都是不加区分地使用非存在这个语词,而在关于勇气的讨论中,我们提到了自我肯定的数种形式。它们对应于焦虑的不同形式，并且只有在与后者关联起来才是可理解的。我建议，根据非存在威胁存在的三大方向，我们应区分三种类型的焦虑。非存在在本体上对人自我肯定的威胁，相对言之是命运，绝对言之是死亡。非存在在精神上对人自我肯定的威胁，相对言之是空虚，绝对言之是无意义。非存在在道德上对人自我肯定的威胁，相对言之是罪疚，绝对言之是谴责（condemnation）。对这三重威胁的意识体现为三种形式的焦虑：对命运与死亡的焦虑（简言之，死亡之焦虑），对空虚与意义丧失的焦虑（简言之，无意义之焦虑），对罪疚与谴责的焦虑（简言之，谴责之焦虑）。这三种形式的焦虑都是实存意义上的，它属于实存本身而并非像神经官能症（和精神病）所引发的焦虑那种内心的不正常状态。神经官能症焦虑的性状以及它与实存性焦虑的关系将另章讨论。目前我们要处理的是三种形式的实存性焦虑：首先是要处理这三者在个体生命中的实在性，其次要处理它们在西方特定历史时期的社会表现形式。然而，必须指出的是，这三种类型间的差异并不意味着相互排斥。例如，在第一章，我们就已经看到，如同在古代斯多亚主义者那里所展现的，存在的勇气不仅征服了对死亡之恐惧，而且也克服了无意义之威胁。在尼采那里，我们发现，尽管无意义的威胁占有优势，但对死亡与谴责的焦虑依然受到了有力的挑战。在古典基督教的所有代表人物那里，死亡与罪被视作结盟的对手，信仰的勇气必须与之展开战斗。焦虑（以及勇气）的三种形式是相互内在的，只不过一般而言总是由其中一种占据了统治地位。

### 对命运与死亡的焦虑

命运与死亡是我们本体上的自我肯定受到非存在威胁的方式。"本体上的"（ontic）来自希腊语"*on*"，即"存在"，它在此意指一存在者在其单纯的实存中那种基本的自我肯定。["本体－论的"（onto-logical）意指对存在本性的哲学分析。] 对命运与死亡的焦虑是最基础、最普遍的焦虑，无可避免。所有为它辩解开脱的努力都是徒劳无功的。即使那些有关"灵魂不朽"的所谓证明真的具有论辩的力量（其实并没有），它们也不在实存上具有说服力。因为在实存上，每一个人都会意识到，生物学上的死亡意味着自我的完全丧失。淳朴的心灵也本能地就知道深思熟虑的本体论所要表达的东西：实在拥有"自我－世界"相关联的基本结构，世界这一方消失了，另一方的自我也会随之消失，剩下的是它们共同的基础而不再是它们之间结构性的相互关联。一直以来的观察表明，对死亡之焦虑会随着个体化程度的加深而加深，而处于集体主义文化中的人则更少感受到这一类型的焦虑。这一观察是正确的，但由此而认为在集体主义文化中不存在对死亡的基本焦虑，则是错误的。它之所以不同于更加个体化的文明，是因为，用于刻画集体主义的特定勇气类型，只要它不可撼动,就能缓和对死亡的焦虑。但是,勇气只有通过众多内在和外在的(心理学与仪式的)行为和象征才能被创造出来,这一事实表明,基本的焦虑即使在集体主义中也是不得不去克服的。没有这种哪怕是潜在形式的焦虑,那么,这些社会中的战争或是刑法都将无法理解。如果不存在对死亡的恐惧,来自法律或强大对手的威胁就没有任何作用可言,而事实显然并非如此。在每一种文明中,作为人,人们都心怀焦虑地觉察到非存在的威胁,因而需要不顾其威胁而肯定自身的勇气。

对死亡的焦虑成为永恒的地平线,而对命运之焦虑则在其内部运作。因为对人本体上的自我肯定构成威胁的不仅是来自死亡的绝对威胁,还有来自命运的相对威胁。当然,对死亡的焦虑这一阴影笼罩着所有具体的焦虑,并给予它们以终极上的严肃性。然而,这些具体的焦虑具有确定的独立性,并且一般而言具有比死亡之焦虑更为直接的冲击。对于这整个焦虑的阵营来说,"命运"一词强调了它们之间的一点共同要素:它们的偶在性(contingent character)、不可预见性以及展现其意义与目的的不可能性。我们可以用我们经验的范畴架构来描述这一点。我们能指出我们作为时间存在的偶在性,即如下事实:我们实存于此时此刻,于某个偶然时刻开始,又于某个偶然时刻结束,并具有质和量上皆为偶然的种种经验。我们也能指出我们作为空间存在的偶在性(我们发现自己就在此处而非彼处,以及这一空间带给我们的陌生感,哪怕我们熟知此地);指出我们自己以及我们所用来看待周遭世界所处的那个立足点的偶在性;以及我们所看见之实在——亦即我们的世界——的偶在性。这两者都有可能成为另外完全不同的样子:这就是它们的偶在性,并且由此我们产生对空间性实存的焦虑。我们还能指出因果相互依存上的偶在性,我们自己都是这种因果相互依存中的一环,无论过去还是现在,这种迁变无常都来自我们周遭的世界与我们自我深处的隐匿力量。偶在并不意味着因果性被破坏了,而是意味着对我们实存有决定性力量的那些原因并不拥有终极的必然性。它们是被给予的,并且不可能从逻辑上推导出来。我们是偶然地被放置到整张因果关系之网中的。我们在每一时刻都被这些因果关系所决定并在最后时刻被它们所抛弃。

命运是偶在性的法则,而对命运的焦虑则以有限性存在对其每一方面皆属偶然而并无终极必然性的意识为基础。命运通常被等同于无法避免的因果决定论意义上的必然性。然而,并非因果必然性让命运成为一个让人焦虑的问题,而是终极必然性的缺失、非理性以及命运中无法穿透的黑暗。

非存在对人在本体上的自我肯定的威胁,在死亡方面是绝对的,在命运方面则是相对的。但是,这一相对的威胁之所以是一威胁,只不过是因为那绝对的威胁伫立在它幕后。没有死亡在其身后,命运就不会产生无可逃避的焦虑。非存在无所不在,它甚至在死亡的直接威胁不在场的地方也会产生焦虑。当我们体验到，我们是裹挟着其余一切从过去被驱赶着走向未来，没有一刻能暂留而不消失，这时，非存在就伫立于这一体验之后了。它也伫立在我们社会性实存和个体性实存的不安全感和无家可归感之后，伫立在那些来自软弱、疾病和意外事故对我们身心中存在之力的种种攻击之后。在所有这些形式中，命运现实化自身，非存在的焦虑则通过它们而将我们操控于股掌之中。我们力求将这一焦虑转变为恐惧，并勇敢地与这一威胁所具象化的种种对象相遇。我们部分地取得了成功，但我们终会意识到这一事实，即让我们产生焦虑的并不是我们与之抗争的这些对象，而是人类处境本身。从这一事实中提出了如下问题：是否有一种存在的勇气？一种能不顾人在本体上自我肯定所遇到的威胁而能肯定自身的勇气？

**对空虚与无意义的焦虑**

非存在威胁的是整体的人，因此它不仅威胁人在本体上的自我肯定，还威胁人在精神上的自我肯定。精神上的自我肯定出现在人创造性地生活于各种意义领域之中的每一时刻。在这一语境中的创造，并不是指天才所表现出的那种源发性的创造力，而是指人自发地生活在具有文化生活内容的行为与反应之中。要具有这种精神上的创造性，一个人无须成为人们所说的有创造力的艺术家、科学家或政治家，但他必须能够充满意义感地参与到这些人的源生性的创造活动中。此参与活动，就其会对他所参与之对象做出哪怕微乎其微的改变而言，乃是创造性的。一位有创造力的诗人或作家会或直接或间接地影响到众多的人，而这些人又会自发对之做出回应——在双方的这种相互作用中，语言发生了创造性的转变；这就是创造性参与活动的一个突出的例子。创造性地生活在意义中的每一个人会作为这些意义的参与者而肯定自身。他将自身肯定为创造性地接受与转变实在的存在。他亦因参与精神生活并爱上这精神生活的内容而爱上他自己。他爱它们，因为它们就是他自身的圆满实现，同时也因为它们是通过他本人才现实化的。科学家既热爱他所发现的真理，也热爱发现了真理的自己。对其发现，他为之踌躇满志。这正是我们所说的"精神上的自我肯定"。即使他并无甚发现而只是参与其中，他精神上依然会有同样的自我肯定。

这样一种经验假定了我们在严肃看待精神生活，也假定了精神生活乃关乎于终极关切（ultimate concern）。而这又再次假定了，终极实在是在精神生活之中并通过精神生活才得以展现。没有经验到终极实在的精神生活会受到来自非存在的威胁，非存在将会对精神上的自我肯定发起两种形式的攻击：空虚和无意义。

我们用"无意义"一词来形容非存在对精神上的自我肯定所构成的绝对威胁，用"空虚"一词来形容其相对威胁。正如死亡与命运的威胁并不等同，这两种威胁也并不等同。不过，正如死亡隐居于命运之迁变无常的幕后一样，在空虚的背景中也隐含着无意义。

对无意义的焦虑乃是对于终极关切之丧失的焦虑，即对于失去那种赋予所有意义以意义的意义的焦虑。由于失去了精神中心，得不到有关生存意义问题的答案（不管这种答案多么富于象征性和多么间接），这种焦虑也就随之生起。

对空虚的焦虑是由非存在对精神生活特定内容所构成的威胁而引发的。一则信念在遭遇外在事件或内心变化过程之际坍塌了：这个人从文化领域的创造性参与活动中被割裂开来，他在他曾经充满激情所肯定的某物上感到挫败，他被驱使着不断改变他全身心投入的对象，逐物而不知返，因为这些对象中的每一个其意义都会消逝，因而其创造性的厄洛斯（eros，欲望之爱）最终转变为冷漠或厌恶。一切都尝试过了，无物能让人满足。传统的东西，无论多么出众，多么受人称颂，又曾经多么受人爱戴，今时今日都不再具有那种令人心满意足的力量。而当前的文化更是令人难以满意。一个人心怀焦虑地从所有具体的内容中抽离出来，转向对终极意义的寻求，却只发现：从那精神生活种种特定内容中抹杀掉意义的，正是来自这一精神中心之失落。然而，精神中心是不可能人为产生的，产生它的这种努力只会导致更深层的焦虑。对空虚的焦虑驱使我们直面那无意义之深渊。

空虚与意义丧失是非存在对精神生活所构成的威胁的表现。

这一威胁隐含在人的有限性中,并通过人的疏离而现实化。这一威胁可用怀疑在人的精神生活中所发挥的创造功能和破坏功能来描述。人之所以能发问,是因为他在参与他所追问的东西之中(in)的同时,还能从中(from)分离开来。在每一次疑问中,都隐含一种怀疑因素,即对无所有的意识(the awareness of not having)。在系统性的追问中,系统怀疑发挥着类似于笛卡尔式怀疑的作用。这种怀疑因素是一切精神生活的条件。对精神生活构成威胁的并不是作为要素的怀疑,而是那种总体性的怀疑。如果无所有的意识吞噬了所拥有的意识,怀疑就不再是方法论上的追问,而会变成生存论上的绝望。在走向这一处境的途中,精神生活力图通过依附于还未被切断联系的肯定因素来尽可能地保持自身,这些肯定之物可能是传统、自律的信念或者情感上所偏爱之物等。而如果不可能取消这一怀疑,一个人就要勇敢地在不舍弃自己信念的同时将这一怀疑接受下来。人要承担起加诸其身的那种误入歧途的风险以及对这一风险的焦虑。人以此方式来避免陷入极端的处境——直至变得避无可避,则他对真理也就随之完全绝望。

此时人会尝试别的出路:怀疑基于人与实在整体的分离,基于普遍性参与的缺失,基于他的个体自我的孤立无助。因此,他力图打破这一境地,力图将他自身等同于某种超个体之物,以舍弃这种分离和自我关联性。他从向自身追问与回答的自由中逃离,遁入这样一种处境中:他无须提出更多的问题,而对此前那些问题的回答则是通过权威强加给他的。为了免除追问与怀疑的风险,他舍弃了追问与怀疑的权利。他舍弃自我以挽救其精神生活。他"逃避他的自由"(弗洛姆)以逃避对无意义的焦虑。现在,他不再孤独,不再提出实存上的怀疑,不再处于绝望中。通过参与这一行为,他"参与"并肯定了他精神生活的内容。意义得救,自我却牺牲了。既然对怀疑的这一征服是一种牺牲,一种对自我自由的牺牲,那么,它在重新赢获的这种确定性上就会留下一个印记:这是一种类似宗教狂热的自我断定(self-assertiveness)。这种狂热是与精神上对自我的弃舍关联在一起的:狂热精神会极其猛烈地去攻击反对者,那些反对者通过他们的反对展现出了狂热者本人的精神生活中不得不压制的那些因素;因而正是通过这样的攻击,狂热精神表现出它本应克服的焦虑。因为他要在他心中压制它们,他也必须在其他人身上压制它们。他的焦虑迫使他去迫害持异议者。狂热者的软弱在于,他所与之斗争的那些人对他有一种隐秘的支配;而他以及他所属的团体最终将屈服于这一软弱。

破坏一种观念与价值体系并使之变得空洞的并不总是个人的怀疑。它还可以是这一事实,即这些观念与价值体系再也不能在表达人类处境与回答人类实存问题的源初力量之中得到理解(基督教教义的种种象征尤其如此)。或者是,因为现时代的现实条件已经与这些精神内容被创造出来时的现实条件极为不同以至需要有新的创造，这些体系也就失去了原本的意义（工业革命之前的艺术表达尤其如此）。在这些情况下，精神内容会有一个缓慢的耗损过程，这一过程起初不为人所注意，累积到一定程度则会以突如其来之态势为人所了知，最终产生对无意义的焦虑。

尽管本体上与精神上的自我肯定有必要区分开来，但它们不可能截然分开。人的存在包含了他与各种意义的关系。只有根据意义与价值来理解和塑造实在，即他的世界与他自己，他才成为人。即使在最原始的人类的种种最原始表达中，人的存在依然是精神性的。在"第一句"蕴含意义的句子中，人类精神生活的一切丰富性已潜在地在场了。因此，对他精神存在的威胁就是对他整体存在的一种威胁。对这一事实最明显的体现，就是人宁可舍却自己本体上的实存也不愿意忍受因空虚与无意义而来的绝望。死本能不是本体上的而是精神上的一种现象。它是对于永不止息也永不满足的力比多所引发之无意义的一种回应行为，弗洛伊德将之等同于人的本质。但它不过是人实存上的自我疏离与精神生活分崩离析后陷入无意义境地的一种体现。另一方面，如果本体上的自我肯定被非存在所削弱，精神上的冷漠与空虚就有可能随之而至，由此产生一个本体与精神相互否定的循环。非存在在本体与精神两方面都会构成威胁；如果它威胁到其中一方，它也会威胁到另外的一方。

### 对罪疚与谴责的焦虑

非存在的威胁还来自第三个方面；它威胁到人在道德上的自我肯定。人的存在，无论是本体的还是精神的，不仅是被给予他的，而且也是他所要求的。他对之负有责任；也就是说，如果有人发问，他就有责任回答，是什么造就了他自己。向他发问的人就是他的法官，而这个人也就是他自己，那个同时也站在他对立面的自己。这一处境所产生的焦虑，相对而言就是对罪疚的焦虑，绝对而言就是对自我拒斥或谴责的焦虑。人本质上是"有限的自由"；这不是"不为任何东西所决定"这一意义上的自由，而是能够通过他在其存在中心所做的抉择来决定自身的自由。人作为有限的自由，就是在他有限性的偶在限度内是自由的。但在这些限度内部，他被要求成为他应该成为的那个自己，去实现他的使命。在每一个道德上的自我肯定行为中，人都对他使命的实现、对他潜在所是者的现实化做出了贡献。用哲学或神学的语言去描述这一实现的本质，乃是伦理学的任务。但是，不论这其中的法则是如何表述的，人都拥有反其道而行、否定他的本质存在以及失落他的使命的力量。而在人与自己相疏离的条件下，这就成为一种现实。甚至在他自认为最好的行为中，非存在依然在场并妨碍该行为臻至完美。善恶之间有一种深刻的歧义性，它遍布人的一切行为中，因为它贯穿了他个人的存在本身。非存在与存在混存在人道德上的自我肯定中,正如它们也混存于人的本体与精神的自我肯定中一样。对这种歧义性的意识就是对罪疚的感受。与自己相对立的那位自我法官"凭良心知道"我们的一切所作所为并给出否定性的判决,这就是我们所体验到的罪疚。对罪疚的焦虑,与本体上和精神上来自非存在的焦虑一样,也表现出复杂性。这一焦虑出现在道德的自我意识的每一时刻,并驱使我们走向对自我的完全拒斥,走向对谴责的感受——这不是一种外在的惩罚,而是对失落我们自身使命的绝望。

为了避免这种极端的境遇,人力图将对罪疚的焦虑转变为道德行为,而无视其不完美与歧义性。他勇敢地将非存在纳入到他道德上的自我肯定之中。按照人类处境中的悲剧因素与个人因素这一双重性,这种纳入可以通过两种方式进行:第一是基于命运的偶在性;第二是基于自由所承担的责任。第一种方式会导致对否定性判决以及判决所基于的道德命令的无视;第二种方式则会导致道德上的严苛以及由此而来的自我满足。这两种方式通常被称为"道德失范主义"(anomism)[1]和"律法主义"(legalism);罪疚的焦虑蛰伏在这二者的幕后,却一再闯到前台亮相,最终引发道德绝望这一极端的境遇。

道德方面的非存在必须与本体和精神的非存在区别开来,但

---

[1] 即反律法主义,是与律法主义相对立的异端派别。——译者注

它们又不可能完全分离开来。任何一种类型的焦虑都内在于其他类型的焦虑之中。保罗"罪乃死之毒钩"的名言指明了对罪疚的焦虑就内在于对死亡的恐惧之中。而来自命运与死亡的威胁又总是唤起并增长我们对罪疚的意识。在本体的非存在的威胁中,我们也经验到道德非存在的威胁。命运的偶在性会接受道德上的解释:命运之所以会攻击甚至可能毁灭道德上已遭拒斥的那个人格的本体基础,不过是借此方式在执行道德上否定性的判决罢了。这两种形式的焦虑相生相长。精神的非存在和道德的非存在也以同样的方式彼此依存。服从道德法则,亦即服从一个人的本质性存在,会驱除激进形态的空虚与无意义。如果精神内容失去力量,对道德人格的自我肯定就是重新发现意义的一种方式。尽管道德意识的无法整合是精神上非存在攻击的顽固基础,但对遵守义务的单纯召唤依然能将人从空虚中拯救出来。另一方面,实存的怀疑不仅将每一条道德原则而且也将道德上自我肯定本身的意义都抛进怀疑主义的深渊之中,由此,它摧毁了道德上的自我肯定。在这一情况下,怀疑就成为罪疚而为人所感受到,尽管与此同时罪疚亦为怀疑所摧毁。

### 绝望的意义

焦虑的这三种类型是相互交织的:它们由其中一种提供主色调,然后三者一同为焦虑状态上色。这三种类型以及它们潜在的统一都是实存上的,也就是说,它们都隐含在人之为人的实存状态之中,隐含在他的有限性与他的疏离之中。它们在它们所共同造就的绝望处境中得以实现。绝望是一种终极的或说"边缘性的"(boundary-line)的处境。人无法跨越它。它的本质在"绝望"一词的词源学中已有明示:了无希望。没有通往未来的出路。非存在被感受为绝对的得胜方。但它的胜利存在一个界限:人感受到了非存在的胜利,而感受就假定了存在。要留出足够的存在才能去感受非存在那无可抗拒的力量。这就是绝望之中的绝望。绝望的痛苦就在于,存在者意识到它自身由于非存在的力量而无法肯定自身。于是,它想弃舍这种意识及其前提即那个有意识的存在者。它想摆脱自身却又不可得。绝望以加倍的态势呈现,即绝望地尝试逃避绝望。如果焦虑仅仅是对命运与死亡的焦虑,那么意志上的死亡就会成为摆脱绝望的出路。它所要求的勇气就是不去存在的勇气。本体上自我肯定的最后形式就会是本体上自我否定的行为。

然而,绝望还是对摆脱罪疚与谴责的绝望。这是无法逃离的,即使通过本体上的自我否定也不行。自杀可以让一个人从命运与死亡的焦虑中解脱——如斯多亚主义者所明白的。但它不可能让人从罪疚与谴责的焦虑中解脱,如基督徒所明白的。如同道德领域与本体实存之间一般性的悖谬关系一样,这也是高度悖谬性的表述。但它是一个真实的陈述,可从那些充分体验到这种对谴责之绝望的人中得到证实。要用本体的语言，即通过去想象"灵魂不朽"的方式是不可能表达出谴责具有的无可逃避性的。因为每一个本体上的陈述都必须使用有限性范畴，而"灵魂之不朽"则是对有限性的无限延伸因而也是对谴责之绝望的无限延伸〔这是一个自相矛盾的概念，因为"有限"（finis）就意味着"终结"〕。因此，自杀并不是逃避罪疚的方式，对此的经验必须从道德命令及对道德命令之拒斥在质上的特性来理解。罪疚与谴责是质上而非量上的无限。它们拥有无限的分量，不可能通过本体上自我否定的有限行为予以取消。这就使得绝望更显绝望，即成为无可避免的。绝望"无路可走"（No Exit）（萨特）。对空虚与无意义的焦虑也加入到绝望的本体因素与道德因素之中。就其是有限性的一种表达而言，对空虚与无意义的焦虑可以通过本体的自我否定予以取消：这驱使极端的怀疑主义走向自杀。但就其是道德分崩离析的后果而言，这一焦虑也产生了与绝望中的道德因素同样的悖谬：它也没有本体上的出路。这就让空虚与无意义之中的种种自杀倾向遭到了挫败。人意识到它们的徒劳无功。

鉴于绝望的这一特点，我们就能理解如下事实：一切人类生活都可以解释成为了避开绝望而做出的不懈努力。这一努力取得了绝大的成功。人不会频繁遭遇极端处境，对一些人来说，他们可能从未遭遇过这些处境。对这一处境的分析，目的并不是要记录普通人的经验，而是要表明这些极端的可能性，日常情境必须从这些可能性来理解。我们并不总是意识到我们终有一死，但在我们终有一死的经验之下，我们对我们的整体人生将会有完全不同的体验。同样，具有绝望性质的焦虑并不总是在场。它所在场的场景尽管少见，但却决定了我们对于作为整体之实存的诠释。

## 焦虑的历史分期

有关焦虑三种类型的区分得到了西方文明史的支持。我们发现，在古代文明的末期，是本体的焦虑占统治地位；在中世纪的末期，则是道德的焦虑占统治地位；而在近代的末期，则是精神的焦虑占统治地位。尽管占统治地位的只是其中之一，但其他两种类型也都在场并发挥着效用。

关于古代末期以及它对命运与死亡的焦虑，我们在分析斯多亚主义的勇气时已经说得够多了。它的社会学背景是众所周知的：帝国权力间的冲突，亚历山大对东方的征服，他的后继者之间的战争，罗马共和国对东西方的征服，罗马共和国在凯撒和奥古斯都手中成为罗马帝国，奥古斯都之后各大皇帝的暴虐，独立城邦与民族国家的解体，先前所保持的贵族－民主制的社会架构的瓦解，个体感到自身不仅被政治的也被自然的强力所支配、完全超出了个人的掌控和谋划——所有这一切都会引发巨大的焦虑，产生对直面命运与死亡威胁的勇气的诉求。与此同时，对空虚与无意义的焦虑使得许多人，尤其是受教育阶层，不可能为这样的勇气找到一个基础。古代怀疑主义从其开端智者派开始，就结合了学术和实存两方面的因素。古代晚期形式下的怀疑主义，对正确行动和正确思考都感到了绝望。它驱使人们步入荒漠，在其中，无论是理论上还是实践上，做抉择的必要性都被降至最低。但是，他们之中体验到空虚的焦虑和无意义的绝望的绝大多数人，都尝试用一种精神上自我肯定的犬儒主义努力来面对它们。然而，怀疑主义的傲慢是不可能掩盖住他们这种焦虑的。在那些借助赎罪和净化仪式而聚集起来的神秘主义膜拜团体中，对罪疚和谴责的焦虑依然在起作用。自社会学上看，这些早期成立的团体相当的不确定。它们中的大多数甚至允许奴隶加入。然而，正如整个非犹太教的古代世界一样，它们更多体验到的是悲剧而非个人化的罪疚。罪疚乃是物质王国或恶魔化力量对灵魂的玷污。因此，如同空虚的焦虑一样，在占主导地位的对命运与死亡的焦虑之中，对罪疚的焦虑也只是一种次要因素。

唯独犹太－基督教启示所带来的冲击改变了这一情形；这种改变如此之迅速，以至到了中世纪末期，对罪疚与谴责的焦虑就成为决定性的。如果有一个时期配得上"焦虑的时代"这一称呼，那就是前宗教改革与宗教改革这一整段时期。对谴责的焦虑以"上帝的震怒"为象征，并为地狱和炼狱的图景所加强；它迫使中世纪后期的人们去尝试能缓解这种焦虑的各种途径：到圣地朝拜，如果条件允许，就到罗马去朝拜；有时甚至过于极端的禁欲主义苦行；在大众集会中相约到圣迹虔诚祈祷；接受来自教会的惩罚以求得宽容；大量参与大众弥撒与苦修，增加祷告与施舍。总而言之，他们不停地追问：我要如何才能平息上帝的震怒，如何才能获得神的怜悯和对罪的宽恕？这种占统治地位的焦虑形式统摄着焦虑的其他两种形式。死亡的人格化形象出现在绘画、诗歌和布道中。但它乃是死亡与罪疚的结合。在这一时期满怀焦虑的想象中，死亡与魔鬼结盟了。对命运的焦虑随着古代后期的袭来而再次出现。"命运女神"（Fortuna）在文艺复兴艺术中成为人们所偏爱的一个象征，甚至宗教改革家也未能从占星术信仰与恐惧中解放出来。这种对命运的焦虑又被人们对于恶魔化力量的恐惧所加强；人们相信这种力量不是直接发挥作用，就是借他人之手而导致疾病、死亡和各种灾难。与此同时，命运超出了死亡而延伸到炼狱这种前终极状态和地狱或天堂的终极状态之中。终极命运的黑暗是不可能驱散的；甚至宗教改革家也无法做到，正如他们的前定（predestination）学说所表明的那样。在所有这些表现形式中，对命运的焦虑作为一种因素，出现在那囊括一切的对罪疚的焦虑中，也出现在对谴责之威胁的永久意识中。

中世纪后期并不是怀疑的时期；对空虚和意义丧失的焦虑只出现过两次，尽管这两次都明显是事发偶然，但对未来却影响深远。一次是在文艺复兴时期，那时理论上的怀疑主义复活了，意义问题萦绕在一些最敏感的心灵之中。米开朗基罗关于预言家和女先知的作品与莎士比亚的《哈姆雷特》，都表现出一种对无意义的潜在焦虑。另一次则出现在路德所体验到的来自魔鬼的进攻中；这些进攻既非道德意义上的引诱，也不是出现在对于深具威胁的谴责感到绝望之时，它们出现在他对于事工与神意的信念消失而意义荡然无存的时刻。灵魂中这种"荒漠"或"黑夜"的类似体验也是神秘主义者的常客。然而，必须强调的是，在所有这些例子中，对罪疚的焦虑占据了主导地位，只有当人文主义和启蒙运动取得胜利，成为西方社会的宗教性基础之后，对精神非存在的焦虑才有可能成为主导。

要确定中世纪晚期出现的这种对罪疚与谴责之焦虑的社会学成因，并不困难。一般而言，我们可以说，这原因就是在受宗教指引的中世纪文化中起保护作用的统一方式瓦解了。更具体点讲，就是在较大城市中受过教育的中产阶级兴起了，这些中产阶级力图将原先仅仅是客体化和层级化控制的教义与圣礼系统纳入到他们自己的经验中。然而，在这一尝试中，他们被迫与他们依旧承认其权威的教会发生或隐匿或公开的冲突。必须强调的是，政治权力集中于君主及其官僚－军事机构手中，这就取消了封建体制中较低一级权力架构的独立性。还要强调的是，这种国家专制主义将城乡中的大众变成了"臣民"，他们唯一的义务就是工作与服从,对这些专制统治者的独断专横毫无反抗的权力可言。还要指出的是,与早期资本主义有关的经济灾难,如从新世界进口黄金、征用农民土地等。在所有这些常被谈及的变迁中,要为对罪疚之焦虑占据主导地位负上主要责任的,是所有社会团体独立态势的出现与专制集权的兴起之间所产生的冲突。唯名论(nominalism)与宗教改革中的那位非理性、发号施令和专制的上帝部分地是由那一时期社会、政治和精神上的专制主义所塑造的;而由这一上帝形象反过来所创造的焦虑又部分地体现着中世纪解体时那种基本的社会冲突所产生的焦虑。

专制主义的崩溃、自由主义与民主制的发展以及技术文明的兴起(这种文明战胜了它的所有对手,也战胜了它自身在最初的解体):这些都是焦虑的第三个主要时期的社会学前提。在这一时期,对空虚与无意义的焦虑占据了主要地位。我们处于精神上的非存在威胁之下。当然,道德的和本体论的非存在威胁依然在场,但它们没有独立性,也不起主导作用。这一处境对于本书所提出的问题来说是十分根本性的,因而它较之于此前两个时期须得到更充分的分析;这一分析必须与(第五、六章)建构性的解决方案联系起来看。

意味深长的是,焦虑的这三个时期都出现在时代的终结处。焦虑以不同的形式潜在地存在于每一个个体身上,如果意义、权力、信念与秩序所形成的日常结构瓦解了,这种焦虑就会变得一般化。只要这些结构还具有力量，它们就能借助参与而将焦虑维系在勇气的保护性体系之内。参与到这些体制以及由这一体系所塑造的生活方式之中的个体并不能从他个人的焦虑中完全解放出来，但他拥有借助通行的办法来克服它们的途径。而在剧烈动荡的时期，这些办法不再管用。力图保持自身（通常采取新途径）的旧事物与要剥夺旧事物固有力量的新事物之间的冲突引发了全方位的焦虑。在这一处境下，非存在具有双重面孔，就像梦魇的两种类型（它们或许正是对这两副面孔之意识的表达）。一种是对毁灭性"局促"（narrowness）的焦虑，即对无法逃离和惧怕身陷穷途的焦虑。另一种则是对毁灭性"敞开"（openness）的焦虑，即对一个人堕入无限的、无形式的空间找不到立足之地的焦虑。如此这般的社会处境既具有身陷无出路之穷途的特征，也具有虚无、黑暗与不可知的空无的特征。这同一实在所具有的两副面孔唤起了每一位看到它们的个体心中潜藏的焦虑。而今天，我们当中的大多数人都的的确确看见了这两幅面孔。

第三章

# 病理性焦虑、生命力与勇气

## 病理性焦虑的性质

我们已经讨论了实存性焦虑的三种形式,这一焦虑由人类的实存本身所给定。非实存性的焦虑在人类生活中是偶然出现的,对它,我们只是附带地提及过。现在是时候系统地处理这种焦虑了。一种关于焦虑与勇气的本体论(正如本书所论述的那样)自然不可能去提供一种神经性焦虑的精神疗法理论。今天人们已经讨论过众多理论,一些精神疗法的领军人物也发展出完全不同的阐释,其中,弗洛伊德本人尤其值得注意。然而,所有这些理论都具有一个共同的特质,即焦虑是对人格(personality)中诸结构性要素之间不可化解之冲突的意识。这些冲突产生于诸如无意识冲动与压抑性规范之间,力图占据人格中心的诸种不同冲动之间,想象的世界与对真实世界的经验之间,对伟大和完满的追求与对一个人的渺小与不完满的经验之间,想被他人、社会或宇宙所接受的渴求与被拒绝的经验之间,存在之意志与看似难以忍受的存在之重负（这种重负唤起某种或公开或隐匿的不再存在的意愿）之间。所有这些冲突，无论是无意识、潜意识还是显意识的，也无论得到承认与否，都会让人突如其来地感到焦虑，或处于持续的焦虑中。通常对焦虑的这些解释中会有一种被视作根本性的。实务性的或理论性的精神分析师对于这种基本焦虑所做的研究，所采用的不是文化的语言而是心理学的语言。但在这些尝试中，绝大多数看上去都缺少了一个能区分"何为基本焦虑"和"何为派生焦虑"的标准。这些解释每一种都指向实际的症状和基本的结构。但由于观察到的素材各式各样，要让这些素材中的一部分获得核心重要性的地位，这一做法通常并无太大说服力。尽管精神疗法理论不乏卓越的洞见，但它依然处于某种混乱中。之所以如此，是因为别的原因，那就是：它对实存性焦虑与病理性焦虑没有加以区分，也没有区分实存性焦虑的各种主要形式。这通过深层心理学分析是不可能得到的；它是本体论的问题。只有从人性的本体论理解这一角度出发，我们才能将心理学与社会学所提供的素材搭建成一种一致而完备的焦虑理论。

病理性焦虑是实存性焦虑在特定条件下的一种状态。这些条件的一般特征取决于焦虑与自我肯定和勇气之间的关系。我们已经看到，为了拥有一个勇气能够处理的对象，焦虑很容易会转变为恐惧。勇气并不会消除焦虑。因为焦虑既然是实存性的，它就不可能被消除。但勇气将非存在之焦虑纳入自身。勇气是带有

"不顾"的自我肯定,这里的"不顾"就是不顾非存在。有勇之人在其自我肯定中将非存在的焦虑自我承担起来。"纳入"(into)与"承担"(upon)这两个词都是隐喻性的,它们指向自我肯定的总体结构内部作为要素的焦虑,正是这一要素赋予自我肯定以"不顾"的性质,并将之转变为勇气。焦虑让我们转向勇气,因为焦虑的另外一个选择是绝望。勇气通过将焦虑纳入自身来反抗绝望。

这一分析给了我们理解病理性焦虑的钥匙。一个未能将焦虑勇敢地承担起来的人可以通过遁入神经官能症中来避免绝望的极端情形。他依然在一种尽管是有限的程度上肯定了自身。神经官能症是一种通过规避存在来规避非存在的方式。在神经官能症中,自我肯定并没有缺失;实际上,它能变得十分强烈而突出。但它所肯定之自我是一种缩减过的自我。自我中总有一些或众多的潜在性不被允许获得现实化,因为存在的现实化意味着对非存在及其焦虑的接受。一个人若不具有不顾非存在之焦虑的强有力的自我肯定,则他将被迫做出一种虚弱和缩减了的自我肯定。他肯定的是某种少于其本质性或潜在性存在的东西。他放弃其潜在性中的一部分以便保留所剩余的。这一结构解释了神经症角色的两可状态。神经症患者对非存在之威胁要比一般人更为敏感。但既然非存在打开了存在之神秘(参见第六章),他也就能够比一般人更富创造力。自我肯定这种受限制的延展,可由更高的强度而取得平衡；但这种强度收敛于一个特殊的点上，连带着它与整体实在之间某种被扭曲了的关系。即便病理性焦虑具有精神病的特性，这创造性的时刻依然可能出现。这一事实在创造性人物的传记中有着大量的例子。正如《新约》中关于着魔者的例子所表明的，那些远低于一般人的人能够拥有普罗大众甚至耶稣门徒都不具备的洞见：耶稣临在（presence）所引发的深刻焦虑在耶稣出现的早期阶段就向他们揭显了他的弥赛亚（messianic）特性。人类文化史证明了，神经性焦虑一再地打破日常的自我肯定所构筑的围墙，从而开启了一般情况下隐匿起来的实在的各个层次。

然而，这将我们引向这样一个问题：普通人正常的自我肯定是否真的没有神经症患者的病理性自我肯定那么受限制，因而病理性焦虑与自我肯定的状态是否也就不会是人的通常状态？人们常说，每一个人身上都存在着神经症的因素，因此病人与正常人之间的区别仅仅是量上的区别。通过指出大多数疾病都受到心理影响以及即使是在最健康的身体上也有病痛因素的存在，上述理论可以获得某种支持。就我们身心之间存在有效的相互关联而言，这也就意味着，在健康的心灵中也会存在疾病的因素。然而，如此一来，神经症患者与普通人之间即便在实际中存在众多的逐渐过渡形式，但在概念上我们是否还能做出泾渭分明的区分呢？

神经症患者的人格与健康人（尽管是潜在的神经症患者）的人格之间的这种差别就在于，神经症人格对于非存在及其更深刻的焦虑更为敏感,在此基础上,它进驻于一种固定不变的(fixed),同时也是有限和不真实的自我肯定之中。可以说,这就是他所要退守的城堡,他在心理上用尽各种方式来抵御进攻以守护这座城堡,不论这种进攻是来自实在一方还是来自精神分析师一方。这种抵抗并非没有一点出自本能的智慧。神经官能症患者的确意识到了以下处境的危险性,即他那不真实的自我肯定坍塌了,但同时又没有任何真实的自我肯定能取代其位置。这里的危险在于,要么他会落入另一种得到更好防御的神经官能症中,要么他会随着他原先受限的自我肯定之坍塌而落入再无拘束的绝望中。

而这种情形在普通人格正常的自我肯定中则会有所不同。它也是碎片化的。但普通人的人格会通过勇敢应付所恐惧的具体对象而让自己远离那些极端情境。他通常并不会意识到自己人格深处的非存在及其焦虑。但他这种碎片化的自我肯定并非一成不变地去抵御某种压倒性焦虑的威胁。他要比神经官能症患者拥有更多的路向选择去适应实在。他在广度上要优胜,但在强度上却有所缺失,不能像神经症患者那样富于创造力。他的焦虑并不会驱使他进入对想象世界的建构。他与他所遭遇的部分实在相结合,在这种结合中肯定了自身;而这些实在的部分并没有受到非如此不可的约束。这使得他比神经症患者更为健康。神经症患者之所以是患者并需要治疗,正是因为他与实在之间的那种冲突。在这种冲突中,他受到了实在的伤害,因为实在持续不断地穿透他所防御的城堡以及城堡背后那个想象的世界。他那有限而固化的自我肯定既保护他免受来自焦虑那势不可挡的冲击，也让他转向了他与实在之间的相互对抗，并引发焦虑另一波势不可挡的攻击从而摧毁了他。病理性焦虑尽管拥有富于创造力的种种潜在特性，但它依然是病态和危险的，因此必须通过将之纳入到既有广度亦有强度的存在之勇气中来得到疗治。

普通人用碎片化的勇气来掌控恐惧所面对的惯常对象，但是，当他所适应的实在所发生的变化威胁到这种勇气时，普通人的自我肯定就会在这一时刻转变为神经官能症。这种情形往往发生在历史上的重大时刻，而它一旦发生，这种自我肯定就会转变为病理性的。那些与变化、将来事物的不可预知以及未来的黑暗联系在一起的危险，使得普通人成为既定秩序的狂热捍卫者。他捍卫着这一秩序而不能自拔，就如同神经症患者守护其想象世界中的城堡一样。他丧失了对实在的相对开放性，体验到焦虑中不可探知之渊深。但如果他不能将这种焦虑纳入到他的自我肯定中，他的焦虑将转变为神经官能症。这就解释了通常在一个时代临结束之际在大众中所出现的那种神经性症状（参见此前关于西方历史中焦虑的三个分期的章节）。在这些时期，实存的焦虑与神经官能症的焦虑交织在一起，连历史学家与精神分析学家也无法在它们之间划清界线。例如，什么时候潜藏在禁欲主义之下对谴责的焦虑会转变为病理性的焦虑？有关恶魔化的焦虑真的永远只是神经官能症甚至只是精神病的？如今对人类困境的存在主义描述又在多大程度上是由于神经官能症的焦虑所引发的？

## 焦虑、宗教与医学

这些问题促使我们去思考疗救之道。在这一问题上，神学与医学是相互争斗的。医学，尤其是精神疗法与精神分析，通常会声称治疗焦虑乃是它的任务，因为所有的焦虑都是病理性的。治疗就在于完全消除焦虑，因为焦虑在身心相关的意义上，有时甚至只是在单纯心理学意义上，是一种疾病。所有形式的焦虑都是可治愈的，而既然焦虑并不存在本体论根源，也就不存在实存性的焦虑。医学的洞见与医学的帮助就是通往存在的勇气的道路——这就是结论。医学一职就是唯一能治愈焦虑的职业。尽管持有这种极端立场的医生与精神分析师的人数一直在减少，但它从理论上依然有其重要性。它包含了一种必须梳理清楚的有关人类本性的决定，这种决定不顾实证主义对本体论的抗拒。断言焦虑永远是病理性的精神分析学家也不可能否认病症在人类本性中的潜在性；他必须对每个人身上的有限性、怀疑与罪疚的事实做出说明；他也必须用他自己的前设来说明焦虑的普遍性。既然在他的职业活动中，他不可能避免对健康与病症、实存性焦虑与病理性焦虑做出区分，那么，他也就无法避免人类本性的问题。这就是为什么在一般医学和特定的精神分析学派中越来越多的代表人物都要去寻求与哲学家和神学家的合作。这也正是为什么通过这种合作会发展出一种名为"心理咨询"的行业的原因。这种行业如同任何尝试性的综合一样，对于未来而言既重要又危险。要完成其理论任务，医学需要一种关于人的学说；但它如果不与所有那些以人为核心对象的学科进行持续合作，就不可能获得一种关于人的学说。医学这一职业是以帮助人解决他在实存上的某些问题为宗旨的，这些问题通常被称之为"疾病"。但是，如果没有其他一切以人之为人作为帮助目标的职业的长久配合，它就不可能帮助到人。不论是这些关于人的学说还是对人所给予的帮助，都是一个关乎多视角合作的问题。只有以此方式，我们才有可能理解人的存在之力、他本质性的自我肯定以及他存在的勇气，并将它们现实化。

神职人员与实际上的牧师也面临同样的问题。在他们所有的教导与实践中，都预设了某种人的学说及其本体论。这也是为什么在神学史的大多数时期，神学都会寻求哲学的帮助而不顾当时神学或流行看法的反复抗议（这种抗议正好对应于经验医学对医学哲学家的反对）的原因。无论神学对哲学的逃避曾经有多成功，但在人的学说这方面，它却显然失败了。因此，在对人的实存所做的解释中，神学与医学都无可避免地加入到哲学中，不论它们是否对此有所意识。而在加入哲学的过程中，它们也相互结合，哪怕它们对人采取了截然相反的理解。今天的神学与医学都意识到了这一情形，也意识到它在理论上和实践上的意蕴所在。神学家与牧师急切寻求与医学人士展开合作，也出现了或临时或制度化的多种合作方式。但是，由于缺少了一种对焦虑的本体论分析，也缺少了一种关于实存性焦虑与病理性焦虑的明确区分，使得许多牧师与神学家跟医生和精神分析师一样，都无法进入到这一合作关系之中。既然他们看不出两者的差别，他们也就不会像看待身体上的疾病那样来看待神经官能症的焦虑，即不会将之视作医疗救助的对象。但如果一个人向某个病理性地固守于有限的自我肯定中的人去宣扬终极的勇气，他所宣扬的内容要么会遇到强有力的抗拒，要么会作为回避与实在相遇的另一套工具而被纳入到自我防御的城堡中，而这甚至比前者要更为糟糕。从真实的自我肯定观点看，许多对宗教召唤的狂热反应都必须视作可疑的。众多由宗教所激发的存在的勇气，也不过是要去限制人的自身存在以及利用宗教的力量来加强这种限制的欲望而已。即使宗教并不会导致或说直接支持病理性的自我缩减，它也会削弱人对实在的敞开程度，尤其是对他自身实在的敞开。以此方式，宗教有可能会保护和滋养某种潜在的神经官能症状态。牧师必须意识到这些危险的存在，要面对这些危险也必须得到医生和精神治疗专家的援助。

从我们的本体论分析中，我们可以得出神学与医学在合作处理焦虑时所用到的一些原则。基本的原则是，隐含在这三种主要形式中的实存性焦虑并不是医者之为医者所要关心的对象，尽管他必须充分意识到它的存在；反过来，隐含在所有形式中的神经官能症焦虑也不是牧师之为牧师所要关心的对象，尽管他也必须充分意识到它的存在。牧师提出与存在的勇气有关的问题是要将实存的焦虑纳入这种勇气之中。而医生提出与存在的勇气有关的问题则是要让神经官能症的焦虑在这种勇气中得以消除。但是，正如我们的本体论分析所表明的，神经官能症的焦虑并没有能力将一个人的实存性焦虑承担起来。因此，牧师所发挥的功能既包含了它自身也包括了医学的功能。这两种功能中的任何一种都并不仅仅与职业上履行这种职能的人绑定在一起。医生，尤其是精神分析师，能不知不觉地将存在的勇气与承担实存性焦虑的力量贯通起来。但他并不会就此而成为一名牧师，也永远不会试图去取代牧师，但他可以成为终极的自我肯定的助力，因而也在发挥着牧师的功能。反过来，牧师或其他任何人也能成为医生的助力。他并没有变成医生，也没有牧师会在身为牧师时以成为一名医生为己任，尽管他可以发挥出治疗身心的力量并有助于消除神经官能症的焦虑。

将这一基本原则运用于实存性焦虑的这三种主要形式，我们就可以得到其他的原则。对命运与死亡的焦虑会产生出寻求安全感的非病理性努力。人的文明有很大一部分都服务于如下目的：给予人安全感以对抗命运和死亡的攻击。人意识到绝对和最终的安全感是不可能的；他也认识到，生命会向他一再地要求那种能舍弃部分乃至所有安全感以获得完全的自我肯定的勇气。然而，他还是会极尽所能地削弱命运的威力和死亡的威胁。有关命运和死亡的病理性焦虑迫使人追求一种可与监狱安全相媲美的安全感。生活在这座监狱中的人无法离开这种由自我强加限制所获得的安全感。但这些限制并不是以对实在的充分意识为基础的。因此，神经官能症患者的安全感并不真实。他对不应恐惧之事物感到恐惧，又对并不真正安全之事物觉得安全。他所无法承受的焦虑产生出并不基于实在的图景，但在面对他应该感到恐惧的事物之际，这种焦虑却又消退了。也就是说，一个人会避免陷入某些特定的险境，哪怕这些险境并不真实，并由此而会压制对终须一死的意识，哪怕后者才是永恒在场的现实。被错置（misplaced）的恐惧乃是对命运与死亡之焦虑的病理性形式的结果。

同样的结构也可以在对罪疚与谴责之焦虑的诸种病理性形式中观察到。对罪疚的正常的和实存性的焦虑会驱使人力图通过免于罪疚来避免这种焦虑（通常被称作"良心上的不安"）。道德自律与习俗会产生道德上的完美，尽管一个人还是会意识到他不可能消除不完美，这是隐含在人的实存境遇中的不完美，是他与自身真实存在的疏离。神经官能症的焦虑也一样，只不过它采取了有限、固定和不真实的方式而已。对犯有罪疚的焦虑和对遭受谴责的恐惧是如此强烈，以至要让一个人做出负责任的决定和采取任何类型的道德行为都变成几乎是不可能的事。但既然决定与行为都是无法避免的，人们就只好将它们缩减至最低限度，然而，这种最低限度的决定与行为又被认为必须是绝对完美的。人们为这些决定与行为所发生的领域做出辩护，以反对任何要超出这一范围的挑衅之举。在此，与实在的分离也同样是罪疚意识错置的结果。神经官能症患者在道德上的自我辩护让他在本没有罪疚或仅有非常间接之罪疚的地方看到了罪疚。然而，对于真实罪疚的意识以及与人在实存上的自我疏离相一致的那种自我谴责却受到了压制，因为神经症患者缺少了将它们纳入自身中的勇气。

对空虚与无意义之焦虑的病理性形式也表现出类似的特征。怀疑的实存性焦虑驱使人要在诸意义系统中创造出确定性，而这种确定性得到了传统和权威的支撑。尽管在人有限的精神性之中隐含着怀疑的因素，在人的疏离中也隐含着来自无意义的威胁，但焦虑依然被这些产生与保持其确定性的方式所削弱。神经官能症的焦虑建造了一座狭小的确定性城堡，它可以让人守护，也的确获得了最为顽强的守护。在这片领域之内，我们可以不让那种追问的力量实现出来；而一旦从外部所提出的问题具有让这种力量成为现实的危险，神经症患者就会狂热地拒斥这些问题。然而，这座不容质疑的确定性城堡并不是建立在实在的磐石之上的。神经官能症患者没有能力与实在完全地相遇,这使得他的怀疑连同其确定性都变得并不真实。他摆放错了这两者的位置。他对那些实际上无须怀疑的事物心怀疑虑,同时又对那些完全可疑的事物确信无疑。特别是,他并不承认有何普遍和极端意义上的意义问题存在。这一问题出现在他身上,就如同它也出现在每一位处于实存性疏离之中的人身上一样。但他无法承认其存在,因为他并没有将空虚或怀疑以及无意义的焦虑承担起来的那种勇气。

对于与实存性焦虑相关联的病理性焦虑所做的分析让我们得出了如下的原则:(1)实存性焦虑具有一种本体论特征,因此不可能被完全消除,但它必须纳入到存在的勇气之中。(2)病理性焦虑是由于自我无法承担起这种焦虑所导致的后果。(3)病理性焦虑促成了建立在受局限、顽固不变和并不真实的基础之上的自我肯定,并导致对这一基础的强制性防护。(4)关乎命运和死亡之焦虑的病理性焦虑产生的是不真实的安全感;关乎罪疚和谴责之焦虑的病理性焦虑产生的是不真实的完美感;而关乎怀疑和无意义之焦虑的病理性焦虑产生的则是不真实的确定感。(5)病理性焦虑一旦确立,就成为医学疗治的对象。而实存性焦虑则是牧师施以援手的对象。无论是医学的功能还是牧师的功能,它们都并不仅仅限于从事该职业的人:牧师可以成为疗救者,精神治疗专家也可以成为一名牧师,每个人都可以身兼他自身及其"邻人"的双重身份。但这些功能不应该被混淆,而且双方也不应试图去取代对方。他们二者的目标都是为了帮助人们去实现完满的自我肯定以获得存在的勇气。

## 生命力与勇气

焦虑与勇气在身心上是相互影响的。它们既是生物学的概念也是心理学的概念。从生物学的观点看,恐惧与焦虑可以说是守卫者,防范着非存在对生命存在的威胁,并做出保护和采取行动对抗此威胁。恐惧与焦虑必须视作我们所说的"带有防备的自我肯定"(self-affirmation on its guard)的种种表现。没有这种预感性的恐惧和强迫性的焦虑,任何有限存在都无法实际存在。按照这个观点,勇气就是由于预感到恐惧而为自身所要面对的否定做好准备,以臻至更充盈之肯定。生物学上的自我肯定意味着对匮乏、艰辛、不安全感、苦痛以及可能遭受之毁灭的接受。没有这种自我肯定,生命不可能得以维持或增长。一个存在所拥有的生命力越是强大,它就越能够不顾恐惧和焦虑所发出的危险警告而肯定自身。然而,如果勇气无视恐惧和焦虑的警告,冒然做出会直接引发自我毁灭的行动,那么它将会与其生物学功能相抵触。这就是亚里士多德勇气学说中的真理,勇气是作为介于懦弱与鲁莽之间的正当中道(the right mean)。生物学上的自我肯定需要在勇气与恐惧之间保持平衡。这样一种平衡出现在所有能够维持和增进其存在的那些活泼泼的存在之中。如果恐惧发出的警告不再起作用,或者勇气的动力机制失去了力量,生命也就随之消逝。追求我们前面提到的安全感、完满和确定性的驱动力,在生物学上是必需的。但假如我们回避了不安、不完满和不确定的风险,那么,这种驱动力就会在生物学上成为毁灭性的力量。反之,生物学上的生命也会要求一种在其自我与世界之中有着现实基础的风险,然而,要是缺失了这样一种基础,这种风险就是自我毁灭的。如此一来,生命就同时包含着恐惧和勇气,将它们视作不断变动但却在本质上达至平衡的生命过程中的两种要素。只要生命保持这样一种平衡,它就能够对抗非存在。失衡的恐惧和失衡的勇气都会破坏这一生命,生命之维持与增进实乃恐惧与勇气之平衡所具有的功能。

展现出这种平衡的生命过程以及伴随这一过程而来的存在之力,用生物学的话来讲,就是拥有了生命力。因此,正当的勇气,就像正当的恐惧,必须理解为完满生命力的表现。存在的勇气是生命力的一种功能。生命力的削弱也就随之蕴含着勇气的削弱。而生命力的强大也意味着存在勇气的强大。患有神经官能症的个人和表现出神经症的时期都在生命力上有所缺失。它们的生物学实质分崩离析。它们已经丧失了实现充盈的自我肯定亦即存在勇气的那种力量。这种情形是否会发生是生物过程的结果,它是生物学上的命运。存在的勇气被削弱的那些时期都是个体与历史中的生物性功能孱弱的时期。表现出失衡了的焦虑的那三个主要时期也是生命力被缩减的时期；它们都处于时代的终结处，只有借助充满生命活力的团体兴起并取代那些生命力已瓦解的团体，这些时期的焦虑方能得以克服。

到目前为止，我们都在提供生物学证明而没有加以批判。现在，我们必须考察这一证明各个步骤的有效性。要追问的第一个问题就是关于先前所展开的恐惧与焦虑二者之间的差异。毫无疑问，指向确定对象的恐惧拥有这种生物学功能，即对非存在之威胁做出预警并让我们做好防护和抵抗。但人们必定会追问：这对于焦虑来说是否同样如此？我们的生物学论证用的主要是"恐惧"一词，"焦虑"一词不过是偶尔提及。这是有意为之的。因为，从生物学上讲，焦虑的破坏性要甚于防护性。恐惧能够让人采取措施去应付恐惧的对象，但焦虑却不可能如此，因为焦虑根本无对象可言。正如前面所指出的，生命总是力求将焦虑转变为恐惧；而这一事实表明，焦虑在生物学上并无用处，也不可能用保护生命这一套语言来予以说明。它产生的是自我对抗（self-defying）的行为模式。因此，焦虑在其本质上超越了生物学论证。

要追问的第二点则关乎生命力的概念。自从法西斯主义与纳粹将生命力的理论关注转变为以生命力的名义对西方世界绝大多数价值做出抨击的政治体系之后，生命力的含义就成为一个重要问题。在柏拉图的《拉凯斯篇》中，勇气与生命力的关系是从动物是否拥有勇气这一角度展开讨论的。答案可以说是肯定性的：恐惧与勇气之间的平衡在动物王国开展得很好。动物会受到恐惧的警告，但是在特殊条件下，它们会为了作为它们自我肯定之一部分的东西，如它们的后代或族群，而无视它们的恐惧，并甘冒疼痛与死亡的风险。但尽管这些事实显而易见，柏拉图依然拒绝认为动物拥有勇气。这是很自然的，因为如果勇气就是关于"何者须避免、何者须无畏"的知识，那么，勇气就无法与作为理性存在的人相分离。

生命力是与它所赋予力量的那种生命类型相关联的。我们无法将人的生命力看作与中世纪哲学家所说的"意向性"完全无关的东西，即它不可能完全与意义无关。人的生命力与他的意向性同样伟大；它们是相互依存的。这使得人是所有存在中最具活力的存在。他从任何方向都有可能超越任何给定的情境，而这种可能性驱使他超出自身去创造。生命力就是超出自身而又不失去自身的创造之力。一个存在超出自身而去创造的力量越磅礴，它所拥有的生命力也就越强大。技术创造的世界就是人的生命力及其无限优越于动物生命力的最显著表现。只有人才拥有完全的生命力，因为只有人拥有完全的意向性。

我们将意向性定义为"对有意义之内容的指向"。人活在意义"之中"，活在那个在逻辑、审美、伦理和宗教上有其功用的意义世界中。人的主体性中灌注着客体性。在与实在的每一次相遇中，自我与世界的这一结构都是以相互依存的方式呈现的。对于这一事实最为根本的表现是语言，语言赋予人从具体的所与（concretely given）中做出抽象的力量，以及抽象之后又回到具体、阐释并塑造具体所与的力量。最具活力的存在就是拥有语词并通过语词从所与的束缚中解脱出来的存在。在与实在的每一次相遇中，人就已经超出了这一相遇。他意识到这一相遇并做出比较，他会为其他的可能性所吸引，他还能预见未来一如他也记住了过去。这就是他的自由，他生命的力量就存在于这一自由之中。这是他生命力的源泉。

如果一个人正确理解了生命力与意向性之间的关联，他就能够在有关勇气的生物学解释的有效性限度之内去接受这种解释。勇气当然是生命力的一种功能，但生命力并不是某种能够与人的存在整体、他的语言、他的创造力、他的精神生活和他的终极关切相分离的东西。人的精神生活理智化所导致的不幸后果之一，就是"精神"（spirit）这个语词的丧失并被心灵（mind）或理智（intellect）所取代，以及原本存在于"精神"中的生命力要素从精神中分离开来并被解释为一种独立的生物性力量。人被分作无血气的理智和无意义的生命力。二者之间的基础即那统一了生命力与意向性的精神性灵魂被丢弃了。这一发展的结果，就是很容易使得化约（reductive）的自然主义从纯然是生物性的生命力中去获取自我肯定与勇气。但人身上并无"纯然生物学的"东西，正如他也并无"纯然精神性的"东西一样。人身上的每一个细胞都分有着他的自由与精神性，而他精神创造的每一个行为也都藉由其生命动力而得以滋养。

这种统一性体现在希腊词"*areté*"之中。它可译作"美德"（virtue），但只有在去除"美德"一词的道德含义时才可以这样翻译。这个希腊词将力量与价值亦即存在之力与意义之实现相结合。"有德性者"（the *aretés*）[1]是高阶价值的载体；而对人的"*areté*"的终极考验，就是要让人做好为这些价值牺牲自身的准备。人的勇气既展现其意向性，也展现其生命力。正是精神上的生命力使得他成为"*aretés*"的。在这一术语背后所仁立的是古代世界关于"勇气是高贵的"这一判断。勇敢者的形象并不是那种生命力并没有完全属人化和自我挥霍的野蛮人，而是受过教育的希腊人，他了解非存在的焦虑，因为他知道存在的价值。还可以补充的是，拉丁语的"*virtus*"及其派生词即文艺复兴时期的意大利语"*virtu*"也具有与"*areté*"相近似的意义。它们都表示那种将骨肉之力（*virtus*）与道德上的高贵相结合的品质。生命力与意向性统一在"人之圆满"（human perfection）这一观念中，这

---

[1] 这里的"*aretés*"从上下文来看，是指作为"*areté*"（即德性）的载体，亦即"拥有德性的人"。但是，在希腊语中，似乎并无这一表达，有可能是蒂利希自己刻意造出来的一种用法。——译者注

个观念也同样无关乎唯野蛮论和唯道德论。

按照以上理解，我们就可以回应生物学证明，指出它缺少了古典思想所称之为勇气的东西。在生命活力与意向之物相分离的意义上谈论的生机论（vitalism），必然会将野蛮人重塑为勇气的理想样态。尽管人们是在科学的旨趣下这样做的，但它却表现出——通常与生机论的自然主义捍卫者的意志相违背——一种前人文主义的态度，并且如果被蛊惑人心的政客所利用，它还可能产生出有关勇气的野蛮式的理想样态，就像它在法西斯主义和纳粹中所显示的那样。人身上"纯粹的"生命力从来就不纯粹，它总是被歪曲的，因为人的生命力量正在于他的自由以及将生命力和意向性统一于其中的那种精神性。

然而，还有第三点，即关于勇气的生物学解释要求在这一点上做出价值评估。那就是唯生物论（biologism）对于"存在的勇气源自何处"这一问题的回答。生物学证明的回答是，源自作为自然天赋的生命力量，一种事关生物性命运之物。这与古代和中世纪的回答极其接近，在后两者中，生物性命运是与历史性命运即贵族的境遇相联结的，这一联结被认为是勇气成长的有利条件。在此二者中，勇气并不依赖于意志力或洞察力，但它却取决于先于行动的某种天赋。早期希腊人的悲剧观和近代自然主义的决定论观点在如下这点上是一致的："不顾某物而自我肯定"的力量亦即存在的勇气，乃是关乎命运之事。它并不禁止一种道德上的评价,它禁止的只是对勇气做唯道德论的评价:一个人不可能对存在的勇气发号施令,他也不可能通过遵守命令来获得这一勇气。从宗教上讲,它关乎恩典(grace)。正如思想史中常见的,自然主义为恩典的新理解铺平了道路,而观念论(idealism)则阻碍了这一理解。从这一观点看,这一生物学证明是非常重要的,它必须予以严肃对待,尤其是在伦理学上,尽管生命力这一概念在生物性和政治性的生机论中被人们曲解了。对于伦理学的生机论解释所包含之真理就是恩典。而作为恩典的勇气既是结果,也是问题。

第四章

# 勇气与参与

(作为部分而存在的勇气)

## 存在、个体化与参与

此处并非展开有关基础本体论之结构及其构成要素的场合。这一学说在我的《系统神学》第一卷第一部分中已完成了一部分。目前的讨论仅指向那些篇章中的论断而不再重复其论证。根据存在亦即自我与世界的基本两极化结构,本体论的诸原则皆有一种两极化特征(a polar character)。第一对两极化要素是个体化(individualization)和参与。如果将勇气定义为不顾非存在而对存在加以自我肯定,那么,这两个要素与勇气问题之间的关系就是显而易见的。一旦我们追问:什么是这一自我肯定的主体?我们的回答就必然是:参与到世界亦即存在之结构性宇宙中的那个个体自我(individual self)。人的自我肯定包含了虽相互有别却无法分离的两个方面:一是对作为自我之自我的肯定;也就是对分离出来、以自我为中心、个体化、不可比较、自由和自我决定的那个自我的肯定。这正是一个人在自我肯定的每一个行动中所要肯定的东西。这也正是一个人反抗非存在所要捍卫的东西，也是他勇敢地将非存在承担于自身时所要肯定的东西。自我总是受到丧失自身之威胁，这乃是焦虑的本质，而对于自我所遭受的具体威胁的意识则是恐惧的本质。本体论的自我肯定要优先于从形而上学、伦理学或者宗教上定义自我所产生的一切区分。本体论的自我肯定既非自然亦非精神，既非善亦非恶，既非内在亦非超越。这些区分之所以可能，只不过是因为它们之下隐含着对自我之为自我的这一本体论上的自我肯定。同理，刻画个体自我的那些概念也隐含在价值评估的诸种区分之下：分离并非疏离，以自我为中心亦非自私，自我决定也不同于罪性。它们都是结构性的描述，关乎爱与恨、谴责与救赎之状况。现在是时候停止对含有"自我"（self）的每一个词不容分说地感到道德愤慨这种神学上的拙劣伎俩了。要是没有一个中心化的自我和本体论上的自我肯定，就连道德愤慨都不会存在。

　　自我肯定的主体是中心化的自我。作为中心化的自我也是个体化的自我。它可以摧毁，但无法拆分：它的每一部分都带有这一个自我而非其他自我的印记。它也无法改变：它的自我肯定就指向这个作为独特、不可复制且无法取代之个体的自我。关于"每一个人的灵魂都拥有一种无限的价值"这一神学论断乃是对这个不可分割、无有变化的自我在本体论上做出自我肯定的结果。我们可以将之称作"作为自我而存在的勇气"（the courage to be as oneself)。

但是,自我之所以是自我,只是因为它拥有一个世界,一个结构化的宇宙;它既属于这个世界又同时与之相分离。自我与世界是相互关联的,因此,个体化与参与亦相互关联。而这正是参与所意指的:成为某物的一部分同时又与之相分离。字面上,参与(participation)意味着"加入"(taking part)。它可以在三层含义上使用。它可以用作"共享"(sharing),如共享一房间;或者用作"同具"(having in common),如柏拉图所说的 *methexis*(分有),即个体物对普遍概念[1]的参与介入;又或者,它还可以用作"成为其中一分子"(being a part),就好比说参加一场政治运动。在所有这些例子中,参与都是既部分同一又部分不同一的。整体之一部分并不等同于它所从属之整体。但整体只有连同其部分才成其为整体。身体与四肢之间的关系就是最明显的例子。自我是世界的一部分,对这个世界,自我将之视为它的世界而据为己有。没有这个个体自我,世界就不会如其所是地存在。人们将一个人等同于一场运动。参与使得他的存在与这一运动的存在部分地同一。要理解参与的这种高度辩证的本性,就必须用力量的语言而非事物的语言去思考。我们无法设想已确定分离之事物的部分同一。但存在之力则可以被不同的个体所共享。一个国家存

---

[1] 原文为"the universal",又译作"共相"。——译者注

在的力量是可以为所有公民所共享的,而在一种突出的形式上,它也会为它的统治者们所分享。国家的力量部分地就是这些人的力量,尽管国家的力量超越了这些人的力量并且这些人的力量也超越了国家的力量。参与的这种同一性乃是存在之力中的同一性。在这一意义上,个体自我的存在之力也部分地等同于他的世界的存在之力,反之亦然。

对于自我肯定和勇气这两个概念而言,这意味着,对作为个体自我之自我的自我肯定包含了对该自我所参与的存在之力的肯定。这一自我将自身作为他所在的团体、运动、所是之本质乃至存在之力本身的参与者而予以肯定。自我肯定如果能不顾非存在之威胁而将之予以实现,那么,这一自我肯定就是存在的勇气。但这不是作为自我而存在的勇气,而是"作为部分而存在的勇气"( courage to be as a part )。

"作为部分而存在的勇气"这一短语也呈现出某种困难。尽管它显然会对作为自我而存在的勇气有所要求,但作为部分而存在的这一意志却似乎表现出勇气的不足,即表现出想要活在一个更广大世界的庇护之下的欲望。似乎不是勇气而是软弱在诱使我们将我们自己作为部分而予以肯定。但作为部分的存在指向的是如下事实,即自我肯定必定包含了对自我作为"参与者"的肯定,而且,我们的自我肯定在"参与者"自我这方面所遭受的非存在威胁并不亚于其另一方面即对个体自我的肯定所遭受的威胁。我们不仅会受到失去我们个体自我的威胁，而且也会受到失去对这个世界之参与的威胁。因此，作为部分的自我肯定所需要的勇气并不亚于作为自我的自我肯定。将非存在的这双重威胁纳入自身的正是这样一种勇气。存在的勇气本质上永远既是作为部分而存在的勇气，也是作为自我而存在的勇气，两者相互依存。作为部分而存在的勇气是作为自我而存在的勇气的内在组成要素，同时作为自我而存在的勇气也是作为部分而存在的勇气的内在组成要素。但在人类有限性和疏离的状况下，本质上相互统一的东西在实存上变得相互割裂。作为部分而存在的勇气从它与作为自我而存在的勇气的统一中分离出来了，反之亦然；两者均在这种孤立状态中分崩离析。它们所纳入自身的焦虑不仅没有缓解，还变得具有破坏性。这一处境决定了我们接下来的考察步骤：我们将首先考察作为部分而存在的勇气的表现，然后是作为自我而存在的勇气的表现，到了第三步我们才去思考这两方面重新统一后的勇气。

## 作为部分而存在的勇气的集体主义与半集体主义表现

作为部分而存在的勇气就是通过参与而对一个人的自身存在做出肯定的勇气。人参与到这个他既从属又与之分离的世界之中。但是，只有通过参与到构成他自己生命的那些环节之中，他对这个世界的参与才是真实的。作为整体的世界只是潜在的，而非现实的。只有人部分等同的那些环节才是现实的。一个存在与自我的关联愈多，根据实在的两极化结构，它参与的能力就愈大。人作为完全中心化的存在或说作为一个具有人格的个人（a person），他可以参与到任何事物之中，但他只能参与到使他成为那一"个人"的那个世界环节之中。只有在与其他个人的不断相遇中，这一个人才能成为并保持为一个个人。这一相遇发生之所就是共同体（community）。就人通过他身体的实存而成为自然的一个确定组成部分而言，人对自然的参与是直接的。就人通过认识和塑造自然而超越了自然而言，人对自然的参与是间接和以共同体为媒介的。没有语言就没有普遍概念；而没有普遍概念也就没有对自然的超越以及与作为自然之自然的联系。但语言是公共性的，而非单个人的。人直接参与其中的实在环节就是他所属于的那个共同体。通过并且只有通过这一共同体，对作为整体的世界以及世界每一部分的参与才能获得媒介。

因此，一个人拥有了作为部分而存在的勇气，也就拥有了作为他所参与的那个共同体之一部分而肯定自身的勇气。他的自我肯定是构成他所在社会的那些社会性团体的自我肯定的一部分。这似乎意味着，存在着一个集体而不仅是个体的自我肯定，并且集体的自我肯定也会受到非存在的威胁并产生集体性的焦虑，而且由集体性的勇气所面对。我们可能认为，这种焦虑及其勇气的主体是一个"我们－自我"（we-self），它是相对于构成它的一个个"个我－自我"（ego-selves）而言的。但是，我们必须拒绝这样一种对"自我"含义的扩大化理解。"自我状态"（self-hood）就是自我的中心化状态（self-centeredness）。然而，在自我中心存在于个人之中这一意义上讲，在团体中并没有什么中心。或许会有某个权力核心、一位国王、一位总统或一名独裁者，他或许能够将他的意志强加于整个团体。但是，如果他做决定的话，并不能说就是这个团体在做决定，尽管这个团体可以遵从其决定。因此，谈论"我们－自我"的理由并不充分，使用"集体性的焦虑"和"集体性的勇气"这样的术语也无甚助益。在描绘焦虑的三个时期时，我们指出，民众会为某种特定类型的焦虑所袭裹，这是因为他们中的很多人都经验到同样的引发焦虑的情境，而且焦虑的爆发又总是传染性的。除开这种袭裹了团体中众多甚至所有成员、并因散布开来而得到强化或改变的焦虑，根本就没有什么集体性的焦虑。这一点对于被不当地称作"集体勇气"的事物而言，亦是如此。也不存在什么作为这种勇气之主体的"我们－自我"这一实体。有的只是参与到某个团体中并且其特征部分地为这种参与活动所决定的复数自我（selves）。所假定的"我们－自我"不过是团体内部"个我－自我"们的共同性质而已。作为部分而存在的勇气就像所有形式的勇气那样，是"个体自我"们的一种性质。

集体主义社会是这样一种社会：身处其中之个体的实存与生活为这个团体的实存与制度所决定。在集体主义社会中，个体勇气乃是作为部分而存在的勇气。看一看所谓的原始社会，我们就能发现焦虑的典型形式以及勇气在其中表现自身的典型制度。这个团体中的个体成员都产生同样的焦虑和恐惧。他们也采取同样的方法发展出勇气与坚毅，而这些方法是由传统和制度所规定的。这种勇气是该团体中的每一位成员都被认为应该拥有的勇气。在许多部落种族中，一个人是否有勇气承担痛苦是这个团体中所有成员都必须接受的考验；而是否有勇气承担死亡，则是绝大多数团体生活中要一直面对的考验。能经受住这些考验的人所具有的勇气就是作为部分而存在的勇气。他藉助他所参与其中的团体来肯定自身。对于在这一团体中失去自我的这种潜在焦虑还没有现实化，因为个体与团体是完全同一的。非存在还仍未以在团体中失去自我的这种威胁形式出现。团体内部的自我肯定包含了接受罪疚及其结果即公共性罪疚的勇气，无论要对之负责的是自己还是其他什么人。出于团体考虑，什么样的罪必须救赎以及如何让团体所要求的惩罚方式和补偿方法被个人所接受：这是团体所面临的难题。个体的罪疚意识仅仅作为对集体的制度和规则的偏离意识而存在。真理与意义都在团体的传统和象征中得到体现，而根本没有自律性置喙与怀疑的余地。但即使是在一个原始的集体中,就像在每一个人类群体中一样,也存在着杰出的成员、传统的集大成者和未来的领导者。他们必须拉开足够的距离以便做出判断和改变。他们必须担起责任并提问。这将不可避免地产生个体性的怀疑和个人的罪疚感。然而,在原始团体的所有成员中,占据主导地位的依然是作为部分而存在的勇气。

在第一章处理勇气概念的时候,我提到了中世纪及其对勇气所做的贵族式解释。中世纪的勇气,正如每一个封建社会的勇气一样,基本上都是作为部分而存在的勇气。中世纪所谓的实在论哲学是一种参与的哲学。它预设了普遍概念在逻辑上要比个别物有更多的实在,而集体在现实中也要比个人有更多的实在。个殊(the particular)(字面上就是"成为一小部分")[1]通过参与到普遍之中而拥有了存在之力。比方说,表现在个体自尊中的自我肯定就是将自我视为某个封建领主的追随者而予以肯定,或将之肯定为某个行会的成员、某个学术团体中的研究人员,或作为某种特殊职能如某种手工活、某个行当或某类职业的获得者。但是,中世纪尽管有着所有的原始因素,但却已不再原始。古代世界发生了两件事,它们将中世纪的集体主义与原始集体主义明确分离开来。其一是对个人罪疚的发现——它被先知们称之为"上帝面前

---

[1] 英文的"the particular"又译作"殊相",以与共相或普遍概念相对。蒂利希这句话的意思是,"particular"一词在字面上以"part-"为词根,故可以说具有"成为一小部分"(being a small part)的字面义。——译者注

的罪疚"：这是宗教与文化个人化（personalization）的决定性一步。其二是希腊哲学中自律性的问题追问的重新发端，这是文化与宗教问题化（problematization）的决定性一步。这两个因素通过教会传入中世纪国家。同时传入的还有对罪疚和谴责的焦虑以及对怀疑和无意义的焦虑。本来这有可能会导致那种让作为自我而存在的勇气成为必然的处境，就如同古代晚期那样。但是，教会给出了一剂解药去化解焦虑和绝望所带来的威胁，那就是教会自身，它的传统、它的圣礼、它的教育以及它的权威。对罪疚的焦虑被纳入到作为圣礼共同体之一部分而存在的勇气之中。对怀疑的焦虑则被纳入到作为该共同体之一部分而存在的勇气之中，在此共同体中，启示与理性得以统一在一起。以此方式，中世纪的存在勇气，尽管与原始集体主义有着种种的不同，但却依然是作为部分而存在的勇气。由这一处境所创造出的紧张关系在理论上表现为唯名论对中世纪实在论的攻击以及两者之间持续不断的冲突。唯名论赋予个体以终极的实在性，并且如果不是经过极力加强的教会权威对它造成延缓的话，它引发中世纪参与体系的解体时间会比现实中发生的要早得多。

在宗教实践中，同样的紧张关系也表现在集体圣事和忏悔圣事的双重性中。前者如果有可能，它会通过在日常仪式中在场而成为每一个人都应参与其中的那种对象化拯救力量的中介。这种普遍参与的结果，就是罪疚与恩典不仅被感受为个人的，同时也被感受为共同的。对有罪者的惩罚是以整个共同体都与他一同受难这样一种方式为代表性特征的。而要将有罪者从尘世与炼狱的惩罚中解救出来，则部分地取决于圣徒那种有代表性的圣洁以及为了解救有罪者而牺牲的那些人所怀有之爱。中世纪的参与体系再没有比这种相互的展现形式更具特色的了。如同在原始的生活方式中一样，这种作为部分而存在的勇气以及将非存在之焦虑承担起来的勇气也在中世纪的制度中得到了体现。然而，当忏悔圣事所展现的反集体主义这一极走到前台之际，中世纪的半集体主义也就走向了终结。认为只有"悔改"（contrition）这种个人对审判和恩典的全然接受才能令对象化的圣事发挥作用的原则促使人们对于对象化因素、表征形式及其参与行为的缩减甚至是拒斥。在悔改行为中，每一个人都独自伫立于上帝面前；对于教会而言，要以某种对象化方式成为这种因素的中介是很困难的。最终而言，这被证实为是不可能的。于是整个体系亦随之瓦解。与此同时，唯名论的传统变得强而有力，并且从教会的他律之中解放出来。在宗教改革和文艺复兴时期，中世纪这种作为部分而存在的勇气，它的半集体主义体系，走向了终结，从而开始了那种将作为自我而存在的勇气这一问题带到前台的发展历程。

## 作为部分而存在的勇气的新集体主义表现

作为对现代西方历史中占据了主导地位的作为自我而存在之勇气的反动，带有新集体主义特征的运动兴起了：法西斯主义、纳粹主义和大国沙文主义[1]。它们与原始集体主义和中世纪半集体主义的基本差异有三。其一，新集体主义是以自律理性（autonomous reason）的解放和技术文明的创造为先导的。它运用这一发展过程中的科学技术成就来为其目的服务。其二，新集体主义是在这样一种情境下兴起的，那就是：它遇到众多与之相竞争的趋势，即使在这一新集体主义运动的内部亦然。因此，它较之于集体主义的那些旧有形式而言，更不稳定也更不安全。而这导致了它们之间第三点也是最显著的差异：这些集体主义的极权主义方式都是打着民族国家或超民族帝国的旗号进行的。这样做的理由有出于打造某种中心化技术组织的必要性，但更多的还是出于对那些有可能因其他选择和个体抉择而造成集体主义体系瓦解的势态进行压制的必要性[2]。但是，这三种差异并不能妨碍新集体主义表现出原始集体主义的众多特点，其中首要的正是对于通

---

[1] 本节以下内容有删改。——编者注

[2] 这里的原文"fro"疑为"for"的笔误。——译者注

过参与而做出的自我肯定亦即对作为部分而存在之勇气的那种独一无二的强调。

部落式集体主义的故态复萌在纳粹主义中已然可以发现。德国人对于"*Volksgeist*"（民族精神）的观念成了它一个很好的基础。"血与土地"的神话叙事则强化了这一态势，而对于元首神秘的神化则完成了余下的一切。与之相比，原初的俄国集体主义则是一种理性的终末论（rational eschatology），一种批判与期望的运动，它在许多方面与先知性的观念相类似。但是，最终这种理性和终末的因素被抛弃并消失不见了。部落式集体主义的复萌则被推广至生活的所有领域。俄国的民族主义在其政治表现及其神秘主义表现中，都杂揉着沙文主义的意识形态。尽管有其先知性的背景、理性的价值评估和巨大的技术生产力，但沙文主义者已经近乎于部落式集体主义的程度了。

因此，通过集中看一下新集体主义的沙文主义表现，我们就有可能对新集体主义中作为部分而存在的勇气做出分析。它在世界历史上的重要意义必须从自我肯定和勇气的本体论方面来理解。如果我们从诸如俄国人的性格、沙皇独裁的历史、斯大林主义的恐怖、极权主义体制背后的动力、世界政治因素的聚合等作用层面的原因入手去刻画沙文主义式的新集体主义的特点，那么，我们就是在避开问题的焦点所在。所有这一切都在发挥着作用，但却并非其源泉。它们的确有助于维持和扩展这一体制，但并不构成其本质。它的本质乃是作为部分而存在的勇气，它将这种勇气赋予了生活在非存在威胁不断增长和焦虑感不断加深的处境中的普罗大众。从传统的生活方式中，民众要么继承作为部分而存在的勇气的形式，要么获得自19世纪以来作为自我而存在的勇气的种种新可能性；而这些传统的生活方式在现代世界中被迅速地连根拔起。这不仅在欧洲而且在亚洲和非洲最遥远的角落都已经发生，并且还在继续发生。这种发展是世界范围的。沙文主义赋予那些已经失去或正在失去他们旧有的集体主义自我肯定的人以新的集体主义以及随之而来的新的作为部分而存在的勇气。如果看一下真心信奉沙文主义的追随者，我们就会发现那种为了团体的自我肯定以及运动目标而愿意牺牲任何个体之实现的意愿。然而，一名沙文主义的信奉者可能不会认同对其行为所做的这种描述。或许，就像任何运动中的狂热信仰者那样，他并不会感到自己做出了某种牺牲。他或许会感到自己采取的是唯一正确的道路以达成他的自我实现。如果他通过肯定他所参与的集体来肯定自身，那么，他就会回到这一集体中来接纳自身，并通过该集体得以充实和实现自身。他会献出大量属于他个体自我的东西，或许还有他作为时空中之特殊存在的实存，但他得到的会更多，因为他的真实存在被封闭在这个团体的存在之中了。在他投身于集体事业之际，他也交托出他身上并不包括在这一集体的自我肯定中的东西；而他并不认为那是什么值得肯定之物。以此方式，个体的非存在焦虑就转变为关于这一集体的焦虑，并且这一焦虑借助参与到该集体中以肯定自身的勇气而得到了克服。

　　这一点可以联系焦虑的三种主要类型而得以体现。正如出现在每一个人身上一样，对命运与死亡的焦虑也出现在坚定的沙文主义者那里。没有存在能接受它自己的非存在而不做出消极的反应。没有在主体身上产生出恐怖的可能性，极权主义国家的恐怖就毫无意义。但是，对于命运与死亡的这种焦虑通过一个人所受到的恐怖威胁而被纳入到作为整体中之一部分而存在的勇气之中。通过这种参与，一个人对可能会成为其破坏性命运或甚至会造成他本人死亡的东西做出了肯定。一种更具穿透力的分析揭示出如下结构：参与是既部分同一又部分不同一的。命运与死亡或许会伤害甚至摧毁一个人与他所参与的集体之间不相同一的那部分。但是，还存在根据参与而与之部分同一的另一部分。这另一部分并不会为整体的命令和行动所伤害和摧毁。这一部分超越了命运与死亡。它在被集体视为永恒的意义上就是永恒的，这种永恒是一种获得普遍认可的本质性显现。它所需要的一切并无须为该集体中的成员所自觉意识到，但却隐含在他们的情感与行为之中。他们无限地关切该团体的完满实现。从这种关切中，他们获得了存在的勇气。"永恒"（eternal）这一术语不应与"不朽"（immortal）相混淆。无论新旧的集体主义中，都不存在什么个体不朽的观念。人所参与的那个集体取代了个体的不朽。另一方面，它也并非对毁灭的屈从——否则存在的勇气就是不可能的，不过，它是某种高于不朽与毁灭之上的东西；它是对于超越了死亡的某物亦即集体的参与以及借助该集体对存在本身的参与。持有这种立场的人在他牺牲生命的那一刻，会觉得自己被接纳到集体的生命之中，并由此也被纳入到宇宙的生命之中。在此过程中，他是作为宇宙生命中一个整全的因素——尽管并非个殊性的存在——而被接纳的。这一点类似于斯多亚派的存在的勇气；分析到最后，斯多亚主义也是隐含着这种态度的。斯多亚派的态度，哪怕采取的是集体主义的形式，乃是基督教唯一严肃的替代者；这一点在古代晚期如此，在今天亦然。真正的斯多亚主义者与新集体主义者之间的差别在于，后者首先是与集体捆绑在一起的，然后才轮到宇宙；而斯多亚主义者则首先与普遍的逻各斯相联系，然后才是可能存在的人类团体。但在这两者之中，对命运与死亡的焦虑均被纳入到作为部分而存在的勇气之中了。

对于怀疑和无意义的焦虑也以同样的方式被纳入到新集体主义的勇气之中。沙文主义的自我肯定中所具有的力量，阻止了怀疑的现实化和对于无意义焦虑的爆发。生命的意义就是集体的意义。即使那些处于社会等级制最底层、成为恐怖统治受害者的那些人也不会质疑这些原则的正当性。在他们身上所发生之事不过是命运使然，它所要求的是克服命运与死亡之焦虑而不是怀疑和无意义之焦虑的那种勇气。在这种确定性之下，俄国沙文主义者以轻蔑的姿态来看待西方社会。他从西方社会中观察到大量对怀疑的焦虑，并且他将之解释为资产阶级社会病态的和行将终结的主要征兆。这正是新集体主义国家对大多数现代艺术表达形式加以驱逐和禁止的原因之一，哪怕这些艺术形式对此前的现代艺术和现代文学的兴起与发展曾经做出过重大的贡献，并且俄国的新集体主义在它的斗争阶段也曾经将它们中的反资产阶级因素用于政治宣传之中。随着集体的建立以及对于作为部分的自我肯定的排他性强调，那些作为自我而存在之勇气的表达就不得不遭到了拒斥。

新集体主义者也同样能够将对罪疚与谴责的焦虑纳入到他的作为部分而存在的勇气中。产生出对罪疚之焦虑的并不是他个人的罪，而是一种或真实或可能的反对集体的罪。对他而言，在这一方面集体取代了上帝来进行审判、让人悔改、施加惩罚与宽恕。个人向集体忏悔，其形式通常会让人想起早期的基督教或稍后的宗派团体。他也是从集体那里接受审判和惩罚。他那想获得宽恕的愿望、自我改造的承诺，都是面对集体而发的。如果他被集体重新接纳，他的罪疚也就得以克服，新的存在勇气也就成为可能。一个人是很难理解这种沙文主义的生活方式中那些最震撼人心的特质的，如果他不能深入到体制内部去探究他们的本体论根源及其生存论力量的话；而这后两者正是以作为部分而存在的勇气为基础的。

与先前对集体主义早期形式的描述一样，这一描述也是一种类型学的描述。类型学描述，依其本质而言，会假定该类型是很少能完全予以现实化的。其间存在着程度不同的近似、交织、过渡和派生。但是，我并无意对作为整体的俄国情形提供一幅全景图，好将希腊东正教会、不同的民族运动或者个别异见人士等的重要意义均囊括进来。我想要描述的是，这种主要在当前俄国中成为现实的新集体主义结构及其勇气类型。

## 民主恪守主义中作为部分而存在的勇气

同样的方法论进路也可用于我称之为"民主恪守主义"（democratic conformism）[1]的思潮上。它最典型的现实图景就出现在当今的美国，但它的根源却可追溯至欧洲的历史。与新集体主

---

[1] 在本书中，"conformism"和"conformity"是一对很难翻译的词，中文中并无可直接对应的单一语词。根据蒂利希的描述，"conformity"既表示身处其中的人（主体）的行为特性，即循规蹈矩，恪守规范制度，尊奉传统乃至某种信念（如对《圣经》的尊奉）；也表示由于这种循规蹈矩行为所导致的客观后果，即整个团体乃至社会呈现出一种整齐划一的面貌，或者表示某个个体所得以遵循的那一整套轨范（如理性）。须注意的是，在蒂利希看来，它还没有达到集体主义的程度，因为它只是对个性做出限制和引导而并没有像集体主义那样去压制乃至消灭个性。它有时略带贬义色彩，更多时候则是中性的。考虑到这个词既表示主体的行为，也表示客观的效果，因此，在不同的语境中，我们分别译作"循规蹈矩""轨范性"以及统合了这两者亦更宽泛的"恪守特性"。而将"conformism"勉强译作"恪守主义"。——译者注

义的生活方式一样，民主恪守主义也不可能仅从那些只是单纯发挥作用的因素去理解，如将之理解为某种新开拓的处境、出于多民族融合的需要、长期隔绝于活跃的世界政治所带来的结果或是受到了清教的影响等诸如此类的因素。要理解它，我们必须追问：运行在民主恪守主义之下的是哪一种类型的勇气？它又是如何对待人类实存中的种种焦虑的？并且，它是如何一方面与新集体主义的自我肯定相关联，另一方面又与作为自我而存在的勇气的种种现象联系起来的？另外还有一点必须一开始就讲明白。当今的美国自从20世纪30年代以来就受到了欧洲和亚洲的影响；这些影响要么代表着作为自我而存在的勇气的极端形式，如存在主义的文学和艺术，要么代表了采取不同形式的超越性勇气来克服我们这个时代的焦虑的那些尝试。然而，这些影响依然局限于知识阶层，还有由于世界历史事件的冲击而对晚近存在主义所追问的问题有所认识的那些人。这些影响还未触及社会团体中的普罗大众，也没能改变人们感受和思考的基本趋势以及相应的态度和体制。相反，作为部分而存在的势头以及通过参与到给定的生活结构中以肯定其存在的势头都在快速增长。循规蹈矩的情形（conformity）在加剧，只是还未发展成为集体主义。

文艺复兴时期的新斯多亚主义者将消极接受命运的勇气（如同旧斯多亚主义者）转变为与命运的积极抗争；以此方式，他们实际上为美国式的民主恪守主义中的存在勇气准备好了道路。在文艺复兴艺术的象征主义中，命运有时被表征为鼓动船帆的风，而人则立于舵轮旁边掌舵，以在已有条件下倾尽全力地决定着船的航向。人力求实现他所有的潜能；而他的潜能又是无法穷尽的。因为人就是一个小宇宙，在其中，所有的宇宙力量都潜在地在场，他可以参与到宇宙的一切领域和一切层面之中。通过人，宇宙继续着它的创造进程；在这个进程中，人首先被作为创造的目标和中心而产生出来。人必须按照所赋予他的创造之力去改造世界和他自身。在人身上，自然得以完成；它为人所认识，并在技术活动中得到了改变。在视觉艺术中，自然被纳入到人的领域中，同时人也置身于自然中，这两者均在美的极致可能性中得到了展现。

这种创造进程的承担者就是个体的人；作为个体，人是宇宙独一无二的代表。其中最重要的是创造性的个体天才。在他们身上，如康德所说的，自然无意识的创造力闯入到人的意识之中。像皮科·德拉·米兰多拉（Pico della Mirandola）、列奥纳多·达·芬奇、乔尔丹诺·布鲁诺、沙夫茨伯里（Shaftesbury）、歌德、谢林这样的人，他们都通过对宇宙创造性进程的参与而激发出灵感。在这些人身上，激情与理性得到了统一。他们的勇气既是作为自我而存在的勇气，也是作为部分而存在的勇气。将个体视作宏观宇宙创造进程具体而微的参与者的这一个体学说为他们提供了实现这一综合的可能性。

人的生产力以如下方式而从潜能转变为现实，即一切已然现实化的事物依然拥有进一步现实化的潜能。这正是进步（progress）的基本结构。尽管进步的信念在亚里士多德的术语中曾得到过描述，但它与亚里士多德乃至整个古代世界的态度均迥然不同。在亚里士多德那里，从潜能到现实的这一运动是垂直性的，它是从较低的存在形式走向较高的存在形式。而在现代的进步主义（progressivism）那里，从潜能到现实的运动是水平的、时间性的和朝向未来的。这是对于现代西方人性所做自我肯定的主要形式。它是一种勇气，因为它不得不将伴随着有关宇宙以及我们这个世界之知识的不断增长而不断加深的焦虑纳入到自身之中。地球已经被哥白尼和伽利略驱逐出世界的中心了。地球变得微不足道；而且，尽管布鲁诺是怀着"英雄气概"而一头扎进宇宙之无限性中的，但是，置身于宇宙天体的汪洋之中，面对天体运动不可动摇的法则，一种失落感还是在许多人的心中蔓延开来。现时代的勇气不再是一种单纯的乐观主义了。这个宇宙广漠无边，也不提供让人理解的意义；因此，这种勇气必须能将身处这样一个宇宙中的那种深刻的非存在焦虑纳入自身之中。这种焦虑可以被纳入到这种勇气之中，但却不可能被取消；一旦这种勇气减弱，它就会浮现出来。

这就是自然和历史的创造性进程中作为部分而存在的勇气的决定性源泉所在；这一源泉在西方文明中得到了发展，而且在这片新大陆上体现的尤为显著。然而，这种作为部分而存在的勇气是在经历了众多变迁之后，才转变为以今天美国民主制为典型特征的循规蹈矩式的勇气类型。文艺复兴那种无与伦比的激情在新教主义和理性主义的影响之下已消失殆尽；当它在18世纪后期到19世纪早期的古典浪漫派运动中重现之际，已经无力在工业社会中造成多大的影响。基于那种巨大激情而来的个体性与参与之间的综合瓦解了。在文艺复兴的个人主义中所隐含的作为自我而存在的勇气与文艺复兴的普世主义中所隐含的作为部分而存在的勇气之间产生出持久的张力。自由主义的极端形式所受到的挑战，要么来自重建中世纪集体主义的种种反弹式企图，要么来自建立一个崭新的有机体社会的乌托邦尝试。自由主义和民主政治之间有可能在两个方面产生冲突：或者自由主义有可能会破坏民主政治对社会的控制，或者民主政治有可能变得专横而转变为极权性质的集体主义。除了这些动态的激烈运动外，也可能出现一种更为静态、没那么富于攻击性的发展态势，即民主制恪守特性的兴起，它对作为自我而存在的勇气的一切极端形式均做出了限制，同时又没有破坏那种有别于集体主义的自由主义要素。这正是大不列颠所走的道路。自由主义与民主政治之间的这种张力关系也可以解释美国的民主恪守主义的众多特点。但是，在所有这些变化背后，有一样东西保留下来了，那就是，在历史的生产进程中作为部分而存在的勇气。正是这一点，使得今日美国式的勇气成为作为部分而存在的勇气的伟大典范之一。它的自我肯定乃是对于在人类创造性发展中作为参与者的自我所做出的肯定。

对于一名来自欧洲的观察者来说，美国式的勇气有一点让他惊讶不已之处：尽管这种勇气主要体现在早期的开拓者身上，但今天很大一部分的美国人身上也具有这种勇气。一个人或许曾有过悲惨的经历，面对命运的打击，信念破灭，甚至体验到罪疚和一时的绝望，但他并不会感到自己已被摧毁或陷于无意义，也不会觉得是受到天谴或失去了希望。当一名罗马的斯多亚主义者在经历同样的灭顶之灾时，他会用弃世的勇气将之承担下来。而一名典型的美国人，在他失去了自己实存的根基后，他会致力于重获新的根基。美国的个人如此，整个民族亦然。我们可以做实验，但一次实验上的失败并不意味着就要失去勇气。人所参与的生产过程自然会包含着风险、失败和灾难。但是，它们并不会摧毁勇气。

这意味着，正是在生产行为自身中就包含着存在的力量与意义。这部分地回答了那些外来的观察者，尤其是神学家，经常会问的一个问题，关于"为了什么"（For what）的疑问：由美国社会的生产活动所提供的这一切重大手段的目的是什么？手段难道没有吞噬掉目的吗？对于手段的这种不加限制的生产难道不正表明了目的的缺失吗？甚至很多土生土长的美国人今天都会倾向于对最后一个问题做出肯定的回答。但是，手段的生产所关乎的还不止于此。工具与设备本身并不是"*telos*"，即不是生产的内在目的；生产活动本身才是。手段并不仅仅是手段；它们被感受为创造活动，是隐含在人的生产力中无限可能性的象征。存在本身究其本质而言就是生发性的（productive）。基督徒和非基督徒都毫不犹豫地将"创造的"（creative）这个原本是宗教性的词语用于人的生产活动中，这就表明，历史的创造性进程被感受为神圣的。如此一来，它就包含了历史进程中作为部分而存在的勇气。（在我看来，在这一语境中说"生产性的进程"而非"创造性的进程"的理由是更为充分的，因为这里所强调的重心是技术性的生产。）

最初，这种作为部分而存在的勇气的民主恪守主义类型是毫无保留地与进步的观念捆绑在一起的。它是在一个人所属的团队之中、本民族之中乃至全人类之中作为部分而存在的勇气，这一勇气尤其体现在所有的美国哲学中：实用主义、过程哲学、成长伦理学、进步教育、民主改革等。但是，即使进步信念被动摇了，就像今天所发生的那样，这种勇气也并不必定会随之被摧毁。进步有可能意味着两样东西。在每一个行动中，所生产出来的东西超过了所给予的，进步就出现了（"进步"就意味着不断前进）。在这一层意义上，行动与进步信念是不可分割的。进步的另一层含义则是指持续进行的演进过程中所遵循的一种普遍的和形而上学的法则。在这个过程中，积累会产生出越来越高级的形式与价值。这样一种法则的实际存在是无法得到证明的。大多数的过程表明，得与失是大体平衡的。然而，新的所得（gain）

是必要的，因为若非如此，则以往的一切所得也终将失去。而在生产过程中参与的勇气并不取决于进步的这种形而上学观念。

生产过程中作为部分而存的勇气将焦虑的这三种主要形式都纳入到自身之中。对于它如何看待关于命运的焦虑，我们已经做过描述。这一焦虑在高度竞争的社会中表现得尤为显著：在这样的社会里，个体几乎没有什么安全保障可言。在生产过程中所产生的作为部分而存的勇气能极大地克服这种焦虑，因为失业或经济基础的丧失而使得人们被排除在这种参与活动之外的这一威胁正是今天"命运"一词最首要的意思。只有从这一处境出发，我们才能理解20世纪30年代那场严重的经济危机对于美国人民的巨大冲击以及他们为何会在此过程中一再丧失了存在的勇气。关于死亡的焦虑可以用两种方式来面对。将死亡这一实在最大可能地从日常生活中排除掉。不允许死者表现为他们已死；他们转变成生者的面具。处理死亡的另一种更为重要的方式是对于死后生命延续的信念，它被称作灵魂不朽。但这指的不是基督教的学说，也很难说是柏拉图的学说。基督教说的是复活和永生，柏拉图主义说的是灵魂对于超时间的本质领域的分有。但是，现代关于不朽的观念却意味着不断参与到这个生产过程——"无尽的时间与世界"——之中。能够赋予个体以勇气面对死亡的，不是个体在神之中永恒的安息，而是他为宇宙的原动力做出无止境的贡献。在这一类盼望之中，上帝几乎是不必要的。他或许会被视为不朽的保证，但即使不这样看，关于不朽的信念也并不见得会有所撼动。对于在生产过程中作为部分而存在的勇气而言，决定性的是不朽而非上帝，除非如一些神学家所认为的那样，上帝被理解为就是这个生产过程本身。

对怀疑与无意义的焦虑潜在地与对命运与死亡的焦虑一样严重。它扎根于有限生产力的本性之中。尽管如我们所看到的，重要的并非作为工具的工具，而是作为人类生产力结果的工具，但是，关于"为了什么"这一问题依然不可能被完全压制住。它被压制下去了，但又总是会随时冒头。今天，我们正见证着这种焦虑的再现以及将之纳入自身的那种勇气的削弱。对罪疚与谴责的焦虑深深扎根于美国人的心灵之中；这首先是出于新教主义的影响，其次则是由于福音派和虔敬派运动的冲击。即使在其宗教根基被破坏之后，这种焦虑依然很强大。但与生产过程中作为部分而存在的勇气所占据的主流地位联系起来后，它的特点就发生了改变。在对社会创造性活动的适应调节及其成就中，一旦出现显而易见的错误，罪疚也就产生了。当那些调节已然完成并取得触目可见的成就之后，正是人们生产性地参与的社会团体去做出审判、宽恕和修复。这正是为何与对于神圣化的追求以及不仅改变世界也改变人的自身存在相比，称义（justification）或说对罪的宽恕这样一种经验更加具有生存论意味的原因所在。这里要求和试图提供的是一个全新的开端。这正是生产过程中作为部分而存在的勇气将对于罪疚之焦虑纳入到自身中的方式。

对于生产过程的参与要求的是循规蹈矩,要求人去适应种种社会化的生产方式。当生产方式愈加齐一和完备,这种必要性也就愈加强烈。技术社会发展出种种固定的样式。在这些事务上恪守规则能让生产与消费的这架庞大机器的运作保持平滑流畅;随着公共交往手段所带来的冲击逐渐增加,这种循规蹈矩也愈发严重。世界政治思潮,亦即与集体主义所展开的斗争,已经迫使那些与集体主义战斗的人也带上了集体主义的色彩。这一过程仍在继续,可能会进一步加强美国所代表的作为部分而存在的勇气类型中的恪守主义要素。恪守主义与集体主义的相近之处,与其说是在经济或政治方面,倒不如说是体现在日常生活和日常思想的样式之中。它在未来是否会发生,又会达至何种程度,这部分取决于代表着存在勇气中对立的另一极,即作为自我而存在的勇气所蕴含的抗争力量有多强大。由于他们对于作为部分而存在的勇气的恪守主义形式和集体主义形式的批评是他们自我表达中的一个决定性因素,因此我们将在下一章中对此做出讨论。然而,所有批评都认同的一点是,作为部分而存在的勇气的这几种形式都对个体自我构成了威胁。正是失去自我的危险引发了对它们的反抗,并且产生了作为自我而存在的勇气——一种面临失去世界之威胁的勇气。

第五章

# 勇气与个体化

（作为自我而存在的勇气）

## 现代个人主义的兴起与作为自我而存在的勇气

个人主义是将个体自我视作个体自我而不考虑它对世界的参与所做出的自我肯定。如此一来，它就是集体主义的对立面，即对立于那种将自我作为更大整体中的组成部分而不考虑它作为个体自我的特点而来的自我肯定。个人主义是从原始集体主义和中世纪的半集体主义发展而来的。它在民主制恪守特性的庇护之下生长起来，并在存在主义运动之中以或温和或激进的方式转向公开。

原始集体主义因经验到个人罪疚和个体性的问题发问而瓦解。这两者在古代世界的终结处发挥了作用，并导致犬儒主义者和怀疑论者不再循规蹈矩的激进之举，也导致了斯多亚主义者不再恪守成规的温和回应，并且力求在斯多亚主义、神秘主义和基督教中为存在的勇气找到超越性的根基。所有这一切动机在中世纪的半集体主义中已然具足，但是随着对个人罪疚的体验和激进的问题发问所展现出的分析力量，这种半集体主义也和早期的集体主义一样走向了终结。但是，它并没有立即导致个人主义的出现。尽管新教强调个体性的良知，但是它依然是作为严格威权式和要求保持一致性的体系而确立的，这一点与它的对头即反对宗教改革的罗马教会颇有相似之处。在当时这两大认信团体中，并没有任何个人主义的出现。反倒在它们的外部才有仅是隐匿着的个人主义存在，因为这两大团体都曾经将文艺复兴的种种个人主义潮流吸收到它们自身之中，并让这些潮流与基督教会所要求的一致性相适应。

这种情况持续了正好150年。在这一强调告解认信的正统时期结束之后，个人的因素再度登上前台。虔信派和美以美教派（methodism）再度强调了个人罪疚、个人经验以及个体的圆满。尽管它们并没有想过要偏离教会的常规，但偏离还是无可避免地出现了；主体的虔敬成为通向自律理性成功再现的桥梁。而虔信派就是通往启蒙运动的桥梁。然而，即使是启蒙运动也并不认为它自己是个人主义的。人们相信的不是基于圣经启示而来的那种轨范性（conformity），而是基于每一个个体身上理性力量所具有的轨范性。在实践理性和理论理性中的诸原则被认为是对人普遍适用的，并且能够在研究与教育的帮助之下创造出新的轨范性。

这一整个时期都信奉"和谐"（harmony）原则——和谐乃是宇宙之法则。根据这一法则，个体的行动无论被认为或体现为何等个人主义的，都会将单个的行动者导向其背后的和谐整体，导向至少为绝大多数人所能够认同的真理、越来越多的人所能够参与的善以及基于每一个体自由行动之上的轨范性。个体可以是自由的，同时无须对其团体造成破坏。经济自由主义的运作似乎证实了这一观点：市场中竞争者背后的市场法则为每个人都生产出尽可能多的最大数量的商品（goods）。而自由民主制的运作表明，个体在政治上做决定的自由并不必然对政治的轨范性造成破坏。科学的进步则表明，个人研究与个人科学信念的自由并不会妨碍大规模的科学共识的形成。教育活动表明，对于单个儿童自由发展的强调并不会降低他成为轨范性社会中的积极成员的可能性。而新教的历史则证实了宗教改革者的如下信念：每一个人与《圣经》的自由相遇是可以创造出一种教会的轨范性的，哪怕其中存在着个体间甚至是宗派间的差异。因此，莱布尼茨在谈到一切事物所由以组成的单子时对预定和谐（pre-established harmony）法则的阐发绝对不是什么荒谬之举：尽管单子并无门窗向彼此敞开，但它们却参与到同一个世界中，而世界寓居于它们每一个单子中，无论这个单子是晦暗不明还是清澈可感。个体化和参与的难题似乎不仅在实践上也在哲学上得到了解决。

作为自我而存在的勇气在启蒙运动时期已为人们所理解，在这种勇气之中，个体的自我肯定也包含了对普遍和理性的自我肯定的参与。如此一来，就不是由个体自我本身，而是由作为理性所有者的个体自我去肯定它自身。作为自我而存在的勇气乃是追随理性去反抗非理性权威的勇气。在这一方面，也仅仅在这一方面，它是新斯多亚主义的。因为启蒙运动的存在勇气并不是一种屈从性的存在勇气。它不仅敢于直面命运的变化无常和死亡的无可避免，而且也敢于根据理性的要求而将自身肯定为不断变化的实在。它是战斗和果敢的勇气。通过勇敢的行动，它征服了无意义的威胁。通过将个体和社会生活中的过错、缺陷和不当行为接纳为尽管无可避免但同时又可以藉由教育而得以克服之事物，它也征服了来自罪疚的威胁。启蒙氛围中作为自我而存在的勇气乃是一种将自我肯定为从较低理性状态通向更高理性状态之桥梁的勇气。显而易见，当对于违反理性之事物的革命性进攻终止之际，也就是说在获胜了的中产阶级那里，这种类型的存在勇气必定会转变为恪守主义。

## 作为自我而存在的勇气的浪漫主义形式与自然主义形式

浪漫派运动产生了个体性（individuality）的概念，它既与中世纪的概念相区别，也同样不同于启蒙运动的个体概念，但又包含了这两者。这一个体所强调的是其独特性，将之视作对存在实质的一种不可比拟又无比重要的表达。差异性而非轨范性才是上帝道路的目标。对一个人独特性的自我肯定以及对一个人个体本性所发出之要求的接受,乃是一种正当的存在勇气。这并不意味着率性而为和非理性,因为一个人个体性之独一无二乃在于其富于创造力的可能性。但是危险也是明显的。浪漫派的反讽将个体提升到超出一切内容之上,从而使其变得空虚:他不再有义务严肃地参与到任何事物之中。在像弗里德里希·冯·施莱格尔(Friedrich von Schlegel)这样的人身上,作为个体自我的存在勇气会导致对参与的全然无视,但它也同样会在这种自我肯定之空虚的反作用下,产生出回归某个集体的欲望。施莱格尔,连同过去一百年来众多的极端个人主义者,都成为了罗马天主教徒。作为自我而存在的勇气坍塌了,人们就会转向体现出作为部分而存在的勇气的某种具体的体制建制。这一转向由浪漫派思想的另一阵营做好了准备;这一阵营的重心落在了以往的集体和半集体,即"有机体社会"这一理念之上。机体论(Organism),正如过去经常发生的那样,成为个体化与参与之间保持平衡的象征。然而,它在19世纪早期的历史功能却没有表达出对平衡的需要,而是表现为对集体主义一方的渴望。这一时期,所有反向而行的团体或出于政治需要或出于精神需要又或者二者兼而有之,总之它们都在使用这个概念以试图重建一个"新的中世纪"。以此方式,浪漫派运动既产生出作为自我而存在的勇气的激进形式,也产生出对作为部分而存在的勇气的激进形式的(尽管未能实现的)欲求。作为一种态度的浪漫主义,要比浪漫派运动持续得更为长久。所谓的"波西米亚主义"（Bohemianism）就是作为自我而存在的浪漫主义勇气的延续。它继续对已然形成的中产阶级及其恪守主义发起浪漫主义的攻击。不论是浪漫派运动还是它在波西米亚主义上的延续，都对今天的存在主义产生了决定性的影响。

但是，波西米亚主义和存在主义还曾经从另一派运动中吸收了某些元素，作为自我而存在的勇气也在这一运动中得到了宣告，这一运动就是：自然主义（naturalism）。"自然主义"这个词被用于许多不同的方面。而就我们的目的而言，我们在此只须处理能让作为自我而存在的勇气的个人主义形式在其中发挥效用的那种自然主义类型就足够了。尼采就是这样一种自然主义的杰出代表人物。他是一名浪漫主义的自然主义者，与此同时，他也是作为自我而存在的存在主义勇气的最重要先驱之一，或许还可能是唯一最重要的先驱。"浪漫主义的自然主义者"这一短语在语词上似乎是自相矛盾的。浪漫主义式想象的自我超越与对于经验所与的自然主义式的自我约束之间似乎横亘着一道深刻的鸿沟。但是，自然主义意指存在与自然之间的同一以及随之而来对超自然之物的拒斥。这一定义并未回答自然之物的本性（the nature of the natural）这一问题。自然可以以机械论的方式描绘，也可以以机体论的方式描绘。它可以被描述为某种必然的渐进式整合过程或说创造性的演化过程，也可以被描述为一套规律体系或结构体系，又或是二者的结合。自然主义的模式既可以从绝对具体之物,即我们从人身上所能发现的个体自我那里获得;也可以从绝对抽象之物,即决定着力场性质的那些数学公式中提取。所有这一切以及其他众多的东西都可以说是自然主义。

但是,并非所有这些自然主义类型都表现了作为自我而存在的勇气。只有当自然之物的结构中个体性一极十分突出的时候,自然主义才有可能是浪漫主义的,并且融合了波西米亚主义和存在主义。自然主义的意志主义类型就是这样一种情形。如果自然(对自然主义而言,这就意味着"存在")被视作无意识意志的创造性表达,或是强力意志的客体化,抑或生命激情(élan vital)的产物,则那些意志的中心(亦即个体自我)对于整体的运动而言都有着决定性的意义。在这些个体的自我肯定中,生命或肯定自身,或否定自身。哪怕自我从属于某个终极的宇宙性命运,它们依然能自由地决定自身的存在。美国的实用主义有很大一部分都属于这一阵营。尽管美国存在着恪守主义及其作为部分而存在的勇气,但其实用主义与那一派在欧洲更广为人知的、被称作"生命哲学"的哲学观点之间依然共享着众多的概念。实用主义的伦理原则是成长(growth),它的教育方法是对个体自我的自我肯定,它所偏爱的概念则是创造性。实用主义的哲学家们并不总能意识到如下事实:创造的勇气隐含着以新事物取代旧事物的勇气——对于新事物来说,并不存在规范和标准;新事物就代表了风险,这种风险用旧事物的标准来衡量是无法估算的。他们社会中的恪守论调使得在欧洲得到公开和自觉表达的那些事物对于美国人来说却是隐匿不可见的。他们未能认识到，实用主义在其逻辑后果中（如果没有基督教或人文主义的轨范性加以约束的话）必定会导致激进的存在主义者所宣称的那种作为自我而存在的勇气。自然主义的实用主义类型在其性格上就是浪漫派个人主义的追随者和存在主义独立派的先行者，尽管这并非出于它的本意。这种不受引导的成长，其本性与强力意志或生命激情的本性并无不同。不过，自然主义者自身却是不同的。欧洲的自然主义者是一成不变和自我破坏的；美国的自然主义者则通过一种良性的不一致而得以挽救：因为他们依然会接受作为部分而存在的那种恪守主义勇气。

在所有这些团体中，作为自我而存在的勇气都有一个特点，即对个体自我之为个体自我做出自我肯定而不顾非存在要素对它的威胁。通过将个体自我视为宇宙中无比重要的一个具体而微的代表而予以自我肯定，对命运的焦虑就得到了克服。他斡旋于聚焦在他身上的各种存在力量之间。认知上，他在自身之内拥有这些力量；行动上，他又转变这些力量。他指引自己生命的进程，并且能够以一种英雄主义情感和怀着对他所折射出的那个宇宙的爱去承受悲剧与命运。甚至孤独也不是绝对的孤独，因为宇宙之大化流行即内在于他之中。如果我们将这种勇气与斯多亚主义者的勇气相比较，就会发现，这里主要的不同在于，肇始于文艺复兴、经过浪漫派而至今的这一思想路线所强调的是个体自我的独一无二性。在斯多亚主义中，贤圣智慧是每个人内在都同等具足的，其勇气正是于其中而产生。而在现代世界，这一点则落到了个体化的个人身上。在这一转变的背后，隐藏的是基督教认为个体灵魂具有永恒意义的这一评价。但是，赋予现代人以存在勇气的并不是这一教义，而是个体在其质上乃是宇宙之镜像这一学说。

这种对宇宙所怀有的激情，同时也是对怀疑和无意义的问题所做出的回答，这种回答既表露在认知中，也呈现在创造活动里。怀疑是知识的必要工具。而只要对宇宙和作为宇宙中心的人类依然拥有激情，那么无意义就不能构成威胁。对罪疚的焦虑被消除了：死亡、审判和地狱的种种象征被置于一旁。人们尽一切努力去剥夺它们的严肃性。自我肯定的勇气不再为对罪疚与谴责的焦虑所撼动。

在后期的浪漫主义中，对罪疚的焦虑及其克服的另外一个向度被揭示出来。人们发现了人类灵魂中的破坏性趋向。浪漫派运动的第二个时期，不论是在哲学还是诗歌中，都背离了从文艺复兴到古典主义和早期浪漫主义一直占据重要地位的和谐观念。在这一时期，在哲学中以谢林和叔本华为代表，在文学中则以 E. T. A. 霍夫曼（E. T. A. Hoffman）这样的作家为代表，诞生了某种类型的魔化现实主义（demonic realism）；这一思潮极大地影响了存在主义和深层心理学。肯定自身的勇气必定要包含肯定一个人内心深处恶魔化面向的勇气。这与均质化的新教徒乃至均质化的人文主义者所倡导的道德恪守主义产生了激烈的矛盾，但却为波西米亚主义者和浪漫主义的自然主义者们所热切接受下来了。不顾这种恶魔化面向所带有的破坏性和通常让人绝望的特性而将之承担起来的勇气，正是克服对罪疚之焦虑的一种形式。然而，这一点之所以可能，是因为恶的人格化特质通过此前的发展被取消了，因而现在才可能被宇宙性的恶所取代，后者具有结构但却与个人责任无关。承担对罪疚之焦虑的勇气转变为肯定人内部那种恶魔化倾向的勇气。这之所以有可能发生，是因为恶魔化面向并不能被认为是无歧义性的消极之物，它也同样可以被视为创造性的存在之力的一部分。恶魔化面向可以作为具有歧义性特征的创造活动的根基乃是后期浪漫主义的一个发现，这一发现在跨过那些联结波西米亚主义与自然主义的桥梁之后被带到了20世纪的存在主义面前。而它的科学化表达就是深层心理学。

从某些方面讲，个人主义的存在勇气的这一切形式都是20世纪激进主义（radicalism）的先驱；作为自我而存在的勇气在这种激进主义中被引入到存在主义运动之中，并在其中获得了最强有力的表达。本章的回顾表明，作为自我而存在的勇气从未与另一极即作为部分而存在的勇气完全割裂开来；进而，它还表明，克服孤立并直面在对个体做出自我肯定的过程中所可能出现的失去世界的危险，本身就是通向某种既超越自我也超越世界之事物的道路。还有类似于镜像出整个宇宙的小宇宙、表征整个世界的单子又或表现出生命本身强力意志特性的个体的强力意志等这些观念——所有这一切都指向超越了存在勇气的这两种类型的某种解决之道。

## 作为自我而存在的勇气的存在主义形式

### 实存的态度与存在主义

后期浪漫主义、波西米亚主义和浪漫主义的自然主义为今天的存在主义这种作为自我而存在的勇气的最激烈形式铺平了道路。尽管晚近已经出现了大量的文献来谈论存在主义,但出于我们的目标考虑,还是有必要从它的本体论特点及其与存在勇气之间的关系这一视角来予以考察。

首先,我们必须区分实存的态度和哲学或艺术的存在主义。实存的态度是一种牵涉其中(involvement)的态度,它完全不同于仅仅是理论的或说超然物外(detached)的态度。这一意义上的"实存的"可被定义为带着一个人的整体实存而参与到某种处境,尤其是认知性的情境之中。它包括了时间、空间、历史、心理学、社会学和生物学等种种条件。它也包括了对这些条件做出回应并改变它们的那种有限自由。一种实存的认识是使得这些因素以及从事认识的那个人的整体实存都参与其中的认识。这看上去似乎违背了对认知行为来说必不可少的那种客观性以及它所要求的那种超然态度。但认知依赖于它的对象。存在一些实在领域——或更确切地说——从实在抽象而来的领域，在其中，保持最为彻底的超然态度是其充分的认知进路。一切可以用数量化的度量衡语言来予以表达的事物都具有这一特征。但是，要用同样的方式通达具有无限具体性的实在，这又是最不充分的途径。自我变成了某种可用于计算和管理的事物，这样的自我已不再是自我。它成为一样物件了。为了认识自我，你必须参与到自我之中。但通过这种参与，你也就改变了它。在所有实存的认知中，无论是主体还是客体都会因认知的这一行为本身而转变。实存的认知乃基于相遇而来，在这种相遇中，新的意义得以创造出来并为人所认识。对他人的认识、对历史的认识、对精神性创造的认识，或宗教性的认识——所有这一切都具有实存的特征。这并没有排除基于超然态度而来的那种理论上的客观性。只不过，它将超然态度限定为这种含摄一切的认知性参与行为中的一个因素。你或许拥有关于另一个人的认识，包括他的心理学类型、关于他的可计算的行为等，但只是知道这些，你并没有认识到这个人，他那核心的自我，也就是没有关于他本人的认知。只有参与到他的自我之中，采用一种切入他存在中心之实存的方式，你才能在这种切入式的情境中认识到他。这是关于"实存的"一词的第一层含义，那就是将"实存的"视为带着自身之实存参与到另一实存中的这种参与的态度。

"实存的"的另一层含义则意指内容而非态度。它指向哲学的一种特殊形式：存在主义。我们之所以必须考察它，是因为它表现了作为自我而存在的勇气的最激进形式。但在探讨它之前，我们必须表明，为什么态度和内容都可以用来自"实存"这同一个词的语词来描绘。实存的态度和存在主义的内容在对人类处境做出诠释这一点上是共同的，这种诠释是与非实存的诠释相冲突的。后者断言，人能够在认识和生命之中超越有限性、疏离以及人类实存的种种歧义性。黑格尔的体系就是本质主义（essentialism）的古典表现。当祁克果（Kierkegaard）背离黑格尔的本质体系时，他做了两件事：他宣告了一种实存的态度，并提出一套实存哲学。他认识到，对无限关切我们之事物的认识只有在一种无限关切的态度亦即实存的态度中才是可能的。与此同时，他发展出一套人的学说，这套学说用焦虑和绝望描述了人自其本质化本性而来的疏离。只有采取一种实存的态度，人在这种有限性与疏离的实存处境中才可能到达真理。"人并非坐在上帝的宝座上"，参与到一切存在之物的本质性认识中的。人无法拥有高居有限性与疏离之上的纯粹的客观性。他的认知功能就和他的整个存在一样都受到了实存上的条件制约。这就是"实存的"一词两层含义之间的联系。

### 存在主义的观点

现在让我们转向不是作为态度而是作为内容的存在主义，我们可以区分出三种含义：作为观点（point of view）的存在主义、作为反抗（protest）的存在主义和作为表现方式（expression）的存在主义。存在主义观点出现在大多数的神学中，也出现在众多的哲学、艺术和文学作品中。但是，它依然是一种观点，这一点有时甚至还没有为人所认识到。继一些零星的存在主义先行者之后，作为反抗的存在主义在19世纪中后期逐渐发展为一场有意识的运动，并在很大程度上决定了20世纪的命运。作为表现方式的存在主义则是两次世界大战以及弥漫着对怀疑和无意义之焦虑的时期的哲学、艺术和文学的特征。它是对我们自身处境的表达。

我们可以举出一些存在主义观点的例子。最突出的，同时也对所有形式的存在主义的整体发展起着决定性作用的，是柏拉图。追随俄耳甫斯神秘主义对人类困境的描述，柏拉图传授了人类灵魂从它的纯粹本质领域这一"家园"中分离出来的过程。人与他本质上所是者相疏离了。他在这个变动不居的世界上的实存与他在理念的永恒世界中的本质性参与是相互冲突的。这是用一种神话学的语言来表达的，因为实存拒斥概念化。只有本质领域才允许结构化的分析。每当柏拉图使用神话的时候，他都是在描述人从本质存在向其实存困境的转变以及从后者向前者的回归。

在本质领域与实存领域的这一柏拉图式的区分，对于此后的全部发展而言都是根基性的。甚至对于今天的存在主义而言，它依然是其背景。

存在主义观点的另外一些例子还包括古典基督教关于堕落、罪和拯救的教义。它们的结构与柏拉图的那一区分是相类似的。和柏拉图一样，人的本质属性及其世界是善。在基督教思想中，它之所以是善的，乃是因为它是神的造物。然而，人的本质性或说被造的善已然失落。堕落和罪不仅败坏了人的伦理品格，而且也败坏了他的认知品格。他臣服于实存的种种冲突之下，理性也无法使其豁免。但正如在柏拉图那里，超历史的记忆即使在人类实存最为疏离的形式中也从未失去，在基督教中，人及其世界的本质性结构也通过上帝支撑性和指引性的创造力而得以保存下来，这不仅使得善得以可能，真也因此而得以可能。只有出于这一原因，人才能够认识到他实存困境中的种种冲突，也才能期望实现对他的本质状态的修复。

柏拉图主义和古典的基督教神学都拥有这种存在主义式的观点。这种观点决定了他们对人类处境的理解。但是，他们都不是从专门的技术性含义上所说的存在主义者。他们的存在主义观点只有在其本质主义的本体论框架内部才起作用。这一点不仅对于柏拉图如此，对于奥古斯丁也一样，尽管他的神学对于人类困境的消极方面包含了比早期基督教任何一个人都更为深刻的洞见，而且为了捍卫他关于人的学说，他还不得不去反对佩拉纠（Pelagius）的本质主义道德论。

当继续对人类困境沿用奥古斯丁风格的分析时，我们将会看到，修道士和神秘主义者的自我反省披露出数量庞大的深层心理学素材，它们被纳入到论述人的造物性、罪和神圣化的神学篇章中。这一方式也出现在中世纪对恶魔的理解中，并为忏悔者（尤其是在修道院中）所使用。对于今天的深层心理学和当代存在主义所讨论过的众多素材，中世纪的宗教"分析家"并非一无所知。而且，它们也为宗教改革家，尤其是路德所认识；路德关于善的歧义性、着魔的绝望以及神之宽恕的必要等的描述都在中世纪对于与上帝相联之人类灵魂的探寻中有其深刻根源。

在中世纪，存在主义观点最伟大的诗意表达是但丁的《神曲》。它就像修道士所写的带有宗教气息的深层心理学一样，还停留在经院哲学的本体论框架之内。但在这些限制的范围内，它不仅达到了勇气与拯救的最高峰，也进入了人类自我毁灭与绝望的最深处，并赋予关于人的无所不包的实存学说以诗意的象征。文艺复兴时期的一些艺术家也在他们的绘画作品中预见到了晚近的存在主义艺术。魔鬼题材吸引了诸如博斯（Bosch）、勃鲁盖尔（Breughel）、格吕内瓦尔德（Grünewald）、西班牙人和南意大利人、建造可供大规模弥撒之用的后期哥特式建筑的大家以及其他众多人物的关注；这一主题所表现的就是对于人类处境的存在主义理解（例如，可参见勃鲁盖尔的绘画《巴别塔》）。但是，在他们之中，没有一位能完全打破中世纪的传统。这仍然是存在主义式的观点，还不是存在主义。

联系到现代个人主义的兴起，我曾提及，唯名论将普遍概念割裂为个别之物。唯名论中的某些方面预示了晚近存在主义的一些主题。例如，存在主义中的非理性主义就植根于中世纪本质哲学的崩溃中，而这正是邓·司各脱和奥卡姆（Ockham）的攻击所造成的后果。对实存万物偶在性的强调使得上帝的意志与人的存在都同样成为偶在的。它让人感到，不仅他自己而且连同他的世界，都确定无疑地丧失了终极上的必然性。这让人产生出一种相应的焦虑。唯名论所预示的晚近存在主义的另一个主题是屈服于权威的逃避，这是普遍概念消解之后孤立的个体无力发展出作为自我而存在的勇气的结果。由此之故，唯名论者搭建起通往教会威权主义（ecclesiastical authoritarianism）的桥梁；在早期和晚期的中世纪，这种威权主义凌驾于一切之上，并产生了现代的天主教集体主义。但即使如此，唯名论依然不是存在主义，尽管它是作为自我而存在的存在主义勇气最重要的先行者之一。它没有迈出这一步，是因为即使是唯名论，也并没有想过要脱离中世纪的传统。

在存在主义观点已然提出而本质主义框架仍未被打破的这样一种处境中，存在的勇气又是什么呢？一般说来，它还是作为部分而存在的勇气。但这一回答并不足够。哪里有存在主义的观点，哪里就会出现由个体所经历的人类处境问题。在《高尔吉亚篇》(*Gorgias*)的结论部分，柏拉图让那几个人来到冥府法官拉达曼堤斯（Rhadamanthus）面前，由他来对他们个人的正义还是不义做出判决。在古典基督教中，永恒的审判所关涉的也是个体；在奥古斯丁那里，原罪的普遍性并没有改变个体永恒命运中的二重性；修道士与神秘主义者的自我反省所关注的也是个体的自我；但丁，按照他笔下那位特别人物的说法，也是将个体安放于实在的不同层面；喜欢魔鬼题材的画家们传递出这样一种感受，即个体在这个如其所是的世界中就是孤独的；而唯名论则是有意识地将个体孤立出来。然而，在这所有情形中，存在的勇气都并非作为自我而存在的勇气。在这每一个例子中，存在的勇气都是从一个含摄一切的整体之中分离出来的：天界的国度、上帝之国、神的恩典、神所护佑之下的实在结构、教会的权威等。然而，它又并非返回到那还未破裂的作为部分而存在的勇气之中。它更多的是继续前行或向上提升，直至进入某种超越了作为部分之勇气与作为自我之勇气的勇气源泉中。

### 存在主义观点的失落

自现代的开端处，存在主义观点就已然失落；而19世纪兴起的存在主义式反抗则是这种失落的一次反弹。以库萨的尼古拉斯（Nicholas of Cusa）、弗罗伦萨学院和早期文艺复兴绘画为代表的文艺复兴第一阶段还依然为奥古斯丁传统所统治，但是晚期的文艺复兴则已经背离了这一传统并创造出一种新的科学本质主义。在笛卡尔那里，反实存的偏见表现的最为显著。人及其世界之实存被放到"括号"里了——就像从笛卡尔那里引申出"现象学"方法的胡塞尔所表述的那样。人变成纯粹的意识，一个赤裸裸的认识主体；世界（包括人身-心的存在）则变成科学探究和技术性管理的客体。实存困境中的人消失了。因此，晚近哲学上的存在主义才会指出，在笛卡尔"我思故我在"（Cogito ergo sum）的"我是"（sum）背后，还存在"我是"的性质问题有待解决，"我是"并不仅仅只是"我思"（cogitatio）（即意识）——而是在时空之中并处于种种有限性和疏离境况之下的实存。这一看法是很有道理的。

　　新教对于本体论的拒斥看上去是对存在主义观点的再次强调。实际上，新教将教义简约为人之罪与神之宽恕之间的对峙以及这一对峙所包含之前提及其深层含义，这都是合乎于存在主义观点的；但它带有很重要的局限性：从中世纪修道士自我反省中所发现的丰富的存在主义素材消失了。这种情况并非出现在宗教改革家本人身上，而是出现在他们的追随者那里；这些追随者将重心放在关于称义和前定的学说上。新教神学家强调的是神圣审判的无条件性和上帝宽恕的自由性。他们对于人类实存的分析抱有疑虑，对于人类境况的种种相对性和歧义性也并不感兴趣。相反，他们相信的是，这些思考对标志着神－人关系特征的绝对的"否"和"是"会造成某种削弱。然而，新教神学家这种非实存的教导所产生的后果就是，圣经福音中的种种教义概念被作为客观真理来传播，但却根本没有试图将这种福音传达给在身与心、心理与社会的相互作用中实际存在着的人。（只有当身处19世纪晚期的社会运动和20世纪心理学运动的压力之下时，新教才对当代处境中的实存问题变得更为开放。）在加尔文主义和宗派主义（sectarianism）中，人更是日益转变为抽象的道德主体，就像在笛卡尔那里人被视为认识论主体一样。伴随着18世纪新教伦理学日益迎合正在兴起的工业社会对于个人及其世界进行合理化管理的种种要求，反存在主义的哲学和神学也随之产生了。合理性的主体以及道德和科学的主体，取代了实存的主体及其所面临的冲突与绝望。

这一发展过程中的领军人物、教导伦理自律的大师，伊曼努尔·康德，在他的哲学里有两处地方保留了存在主义观点：一处是关于有限的人与终极实在之间的距离的学说，另一处则是关于人的理性被根本之恶所扭曲的学说。然而，正是因为这些存在主义观点，他反倒被他的众多仰慕者所抨击，这其中包括了他们之中最伟大的两位，歌德和黑格尔。这两位批评者就其主流观点而言都属于反存在主义者。黑格尔将本质所构建的体系视作现存世界的充分表现并力求用它来解释一切的实在；在这一努力中，近代哲学的本质主义趋向达到了它的顶峰。实存消融于本质。世界乃是如其所是地合理的。实存也是本质的必然表达。而历史则是本质存在在种种实存境况中的显现。这一过程是可以为人所理解并获得证成的。在这一普遍性的进程中，绝对精神实现了它自身；而对于参与这一进程的人而言，征服个体生命之中的种种否定性环节是可能的。这一上升过程在历经了程度各别的意义等级之后而达至最高峰，即对这一普遍进程本身的哲学直观；由此，对命运、罪疚和怀疑的种种焦虑也将得以克服。黑格尔试图将作为部分而存在的勇气（尤其是作为民族的一部分）和作为自我而存在的勇气（尤其是作为一位思者）统一于一种超越了这两者同时又带有神秘主义底色的勇气之中。

然而，如果忽略了黑格尔思想中的存在主义因素则是误入歧途的做法。它们要比通常人们所认为的要强有力得多。首先，黑格尔自觉到了非存在的本体论。否定是他整个体系的动力，既驱使绝对观念（即本质王国）趋向实存，也驱使实存返回到绝对观念（在此过程中，绝对观念自身实现为绝对精神）。黑格尔很清楚非存在所包含的神秘和焦虑；但他将之纳入到对存在的自我肯定之中。在黑格尔那里的第二个存在主义因素则是他的如下学说：在实存中，若无激情与旨趣，任何伟大皆无法完成。这一出现在《历史哲学》"导言"中的说法表明，黑格尔同样意识到了浪漫主义者和生命哲学家关于人性的种种非理性层面的洞见。第三个因素也和前两个一样，深刻地影响了黑格尔的存在主义对手，那就是对于历史进程中个体困境的现实主义评价。在这同一篇导言中，黑格尔说道，历史并非个体达至幸福的场所。这意味着，要么个体必须提升自己以超拔于这一普遍进程之上，达至直观哲学家的境界；要么个体的实存问题就是无法解决的。而这一点，正是存在主义者反对黑格尔及其哲学所展现之世界的基础所在。

### 作为反抗的存在主义

对黑格尔本质主义哲学的反抗是借助了黑格尔思想中的存在主义要素方得以完成的，尽管这些要素在黑格尔本人那儿一直是受到压制的。第一位引领这一存在主义攻击的是黑格尔曾经的朋友谢林，黑格尔早年曾对他颇为倚重。在谢林晚年，他提出所谓的"肯定哲学"（Positive Philosophy），其中所用到的绝大多数概念都是19世纪革命性的存在主义者采用过的。他将本质主义称之为"否定哲学"，因为它是从真实实存中抽象得来的；同时，他将关于拥有体验与思想并在历史处境中做抉择之个体的思想称之为"肯定哲学"。他是第一个在与哲学的本质主义相对立的意义上使用"实存"一词的。尽管由于他从哲学上用存在主义的语言重新阐发基督教的神话而使得他的哲学遭到拒斥，但他依然影响了许多人，尤其是祁克果。

叔本华则运用了意志主义的传统来阐发他的反本质主义思想。他重新发现了一直为近代思想中的本质主义思潮所掩盖的关于人的灵魂及其实存困境的种种特质。与此同时，费尔巴哈则强调了人的实存的物质条件，并且将宗教信仰回溯到人想要在一个超越的世界中克服有限性的这一欲望上。麦克斯·施蒂纳（Max Stirner）曾写过一部著作，他在书中将作为自我而存在的勇气表达为一种实践上的唯我论，它破坏了人与人之间的任何交往。马克思将人的现实实存置于早期资本主义体系之中来考察，以此与黑格尔关于人是在现存世界中与自身实现和解的本质主义描述形成了鲜明的对比，就此而言，他也隶属存在主义反抗阵营中的一员。在所有这些存在主义者中，最重要的是尼采。他对欧洲虚无主义的描述为我们呈现出一幅人类实存已堕入全然无意义之中的世界图景。而生命哲学家与实用主义者则力求从先于主客体的"生命"范畴推导出主客二者间的割裂，并将对象化的世界诠释为是对创造性生命的自我否定（狄尔泰、柏格森、齐美尔和詹姆斯）。19世纪最伟大的学者之一，马克斯·韦伯则向我们描绘了，一旦技术理性取得支配地位，就会使得生命出现悲剧性的自我毁灭。在19世纪末，所有这一切还不过是一种抗争；实际情况本身还没有发生太显著的变化。

在19世纪最后20年间，对于对象化世界的反抗俨然成为艺术与文学的主流。法国那些伟大的印象主义者尽管强调主体性，但依然未能超出主体性与客体性的分立,他们不过是将主体本身视作科学对象来看待。即便如此,随着塞尚(Cézanne)、梵高和蒙克(Munch)的出现,这一情况还是发生了改变。从那时开始,实存问题以一种令人不安的艺术印象主义形式展现出来。存在主义的反抗,在它的所有阶段中都产生出数量庞大的心理学素材。存在主义的革命性人物,如诗歌方面的波德莱尔(Baudelaire)和兰波(Rimbaud)、小说方面的福楼拜和陀思妥耶夫斯基、戏剧方面的易卜生和斯特林堡(Strindberg)等,其作品都在人类灵魂的荒漠与丛林之中有了众多的发现。他们的洞见已被19世纪末开创的深层心理学所证实,并从方法论上做了整理。随着1914年7月31日的到来,19世纪宣告终结,存在主义的反抗也不再成其为反抗。它成为对为人所体验到的实在的一种反映。

正是一种无限性的丧失——即对于个人的失落——所引发的威胁驱使19世纪的革命的存在主义者发起了攻击。他们认识到某些事情正在发生,那就是人正在被转变为物,转变为可用纯粹科学来计算而且可用技术科学予以操控的碎片化实在。中产阶级思想中的观念论阵营将个人打造成容器,成为一个对普遍概念来说不论怎样还算合适的容身之所。而中产阶级思想中的自然主义阵营则将个人视为一片空白之地,感官印象可以进驻其中并依其强烈程度而扎下根来。在这两种情况中,个体自我都是一片空空如也的空间,承载着并非他自身的某物,某种使得自我与他自身相疏离的陌生之物。观念论与自然主义在对待实际存在的个人上持有相似的态度；它们两者都削减了个人身上无限丰富的意义性，使之成为一个仅供他物通过的场所。双方的哲学家都表达了一个原本为了实现人的解放却最终陷入它自己所创造的种种对象之束缚中的社会。对安全感的保障既由种种对自然采取技术化控制的运作良好的机制来提供，也通过对个人采取精细的心理学控制和对社会采取日益加强的组织化控制来获得。这样一种安全感是要付出高昂代价的：原本这一切是为了人本身才会作为手段而发明出来的，但现在人自身却成为服务于这些手段的一种手段。当17世纪帕斯卡尔（Pascal）对数学合理性的规则进行抨击之时，当18世纪晚期浪漫派对道德合理性的规则发起攻击之时，还有当祁克果对黑格尔思想中去人格化的逻辑学规则发动攻势之时，都是以这一点为其背景的。它也是马克思向非人道的经济活动开战，尼采为创造性所做之斗争以及柏格森反对无生命客体之空间领域的背景所在。它也构成了大多数生命哲学家要从自我客体化的解构力量中拯救出生命的这一渴求背后的底色。他们要在一种在世界中日益丧失自我的处境中为保存个人而斗争，也为对自我做出自我肯定而斗争。他们试图为处于自我逐渐虚无化并为物所取代的这一境况中作为自我而存在的勇气指明道路。

## 当今的存在主义与绝望的勇气

### 勇气与绝望

20世纪的存在主义表征着"实存的"一词最为生动也最具威慑力的含义。在它那里,存在主义的整个发展历程达到了它所能及的顶点。它已经成为西方世界各国的现实。在人的精神创造力的各个领域,它都获得了表达并贯穿所有的受教育阶层。它并非波西米亚主义的哲学家或神经质的小说家的发明;也并非为了获取收益和名声而在感官上夸大其辞;也不是带有种种消极气息的病态表演。所有这些因素都涵括了进去,但它本身还是某种别的东西。它所表达的是对无意义的焦虑以及将这种焦虑纳入到作为自我而存在的勇气之中去的努力。

晚近的存在主义必须从这两点来考虑。它并非单纯地属于个体主义中的理性主义类型、浪漫主义类型或自然主义类型。在区分这三种准备阶段的运动的过程中,存在主义就已然体验到了意义的普遍崩塌。20世纪的人已经不再拥有一个充满意义的世界,也不再拥有生活在源自精神中心的种种意义之中的那个自我。人所创造的对象世界将创造世界的人卷入其中,并使之失去了主体性。人为他所生产出来的东西而牺牲了自身。但是,人依然会意识到他已经失去的和正在继续失去的。他依然是作为人而经验到了作为绝望的非人化。尽管他不知道出路何在,但他力求通过表达出这种没有"出口"的处境来拯救他的人性。他怀着绝望的勇气来回应,这是一种将他的绝望承担起来并通过作为自我而存在的勇气对非存在的极端威胁做出抗争的勇气。对今天存在主义的哲学、艺术和文学所做的每一种分析都可以表明它们的歧义性结构:向绝望迸发的无意义、对这一处境满怀激情的控诉以及将这种无意义的焦虑纳入到作为自我而存在的勇气之中的不计成败的努力。

置身于作为部分而存在的勇气之中——不管是其集体主义形式还是其恪守主义形式——而不为所动的那些人,却为存在主义者关于绝望之勇气的种种表达所扰动,这一点并没有什么好让人震惊的。他们无法理解我们这个时代正在发生什么。他们也无法将存在主义中真实的焦虑和神经官能症的焦虑区分开来。他们抨击对否定性事物在现实中的勇敢接受,将之视作对否定性的病态渴求。他们将现实中对腐朽的创造性表现称作腐朽,将揭示出我们处境中之无意义的有意义尝试斥之为无意义。晚近的存在主义所遇到的那种广为流行的抗拒,实际上并不是来自对那些开辟了思想与艺术表达新道路的人物感到无法理解这种通常意义上的困难,而是来自想要保护某种自我限制的作为部分而存在的勇气的那样一种渴求。人们多少总会觉得这种存在主义并不能真正让人心安；他不得不压制内心想要接受存在主义见解的种种倾向；如果这些见解出现在戏剧或小说中，他甚至会喜欢上它们，但是，他拒绝严肃地对待它们，拒绝将之视作对他自身实存上的无意义与隐匿着的绝望的昭示。集体主义者和恪守主义者团体对现代艺术的粗暴反应表明，他们感受到了来自现代艺术的严重威胁。但是，根本就不是我们自身某种要素的东西是不会让我们感受到精神上的威胁的。而且，既然通过削弱存在以对抗非存在乃是神经官能症性格的一种症状，那么，一名存在主义者就可以向人们表明反存在主义者对于传统安全感的渴求也具有某种神经质的防御机制，以此来回应对那种认为他是神经症的常见指责。

关于什么是这一处境中的基督教神学所必须做的事，这是没有疑问的。它应该决志去寻求真理而非安全感，哪怕这种安全感被教会奉为神圣并得到教会的支持。当然，存在着一种基督教的恪守主义，这自教会初建之时就有了；在教会历史的好几个时期里，也存在着一种基督教的集体主义，或至少是半集体主义。但我们并不能由此而认为基督教的神学家们全都仅仅认同作为部分而存在的基督教勇气。他们应当会意识到，作为自我而存在的勇气对于作为部分而存在的勇气来说，是一种必要的纠正——哪怕他们也正确地假定了，这两种形式的存在勇气中的任何一种，都无法给出最终的解决之道。

### 当代艺术与文学中的绝望的勇气

绝望的勇气、对无意义的体验以及不顾这两者而做出的自我肯定都在 20 世纪的存在主义者那里得到了展现。无意义是他们所有人都面对的问题。正如我们已经看到的,对怀疑与无意义的焦虑,乃是我们这个时代的焦虑。对命运和死亡的焦虑以及对罪疚和谴责的焦虑皆隐含在其中,但并不发挥着决定性的作用。当海德格尔谈到人对自身死亡的参与的时候,他所关心的并不是不朽的问题,而是"对死亡之参与对于人类处境而言到底意味着什么"的问题。当祁克果讨论罪疚问题的时候,触动他的并不是神学上关于罪与宽恕的问题,而是"从个人罪疚的角度来看,个人实存具有何种可能性"的问题。意义问题困扰着晚近的存在主义者,甚至在他们谈论有限性和罪疚的时候亦是如此。

潜藏在 20 世纪对意义的寻求以及对这一寻求感到绝望之下的最重大事件,是上帝在 19 世纪的失落。费尔巴哈用人心中对于无限者的渴求这一套解释消解了上帝,马克思用在给定的实在之上所兴起的意识形态尝试这一套解释消解了上帝,而尼采则将上帝解释成对生命意志的削弱。这些做法的结果就是出现了"上帝已死"这一宣告以及围绕"上帝"而来的人们生活其中的一整套价值和意义体系的死亡。这既被感受为一种失落,也被感受为一种解放。它驱使人们要么走向虚无主义,要么走向将非存在纳入自身的那种勇气。或许，再没有人能像尼采那样对现代存在主义产生如此巨大的影响，也没有人能比他更一以贯之却也更加荒诞地呈现出作为自我而存在的意志。在他那里，无意义的感受变得让人绝望而且是自我毁灭的。

在此基础上，20世纪的艺术、文学和哲学的伟大作品中的存在主义揭示了面对事物本来面目和表达对无意义焦虑的勇气。它是出现在关于绝望的种种创造性表达之中的创造性勇气。萨特将他最有力量的一部剧本称之为《无路可走》（*No Exit*）[1]，这是对绝望处境的经典表达。但他本人其实有一个出路；他可以说出"无路可走"，从而能将这一无意义处境承担起来。T. S. 艾略特（T. S. Eliot）将他首部伟大诗集称之为《荒原》（*The Wasteland*）。他描绘了文明的瓦解，没有了确信也没有了方向，现代意识（作为他曾分析过的危机之一）陷入到贫乏和歇斯底里之中。但是，能描绘出荒原之无意义并表达出绝望的勇气的，正是这一片经过充满美感之修剪方才得以形成的伟大的诗集花园。

在卡夫卡的小说《城堡》（*The Castle*）和《审判》（*The Trial*）中，他用一种纯粹而古典的语言来表现意义源泉的遥不可及以及正义与仁慈之源泉的晦暗不明。这种孤独如此富于创造

---

[1] 国内一般译作《禁闭》《密室》或《间隔》，但这里蒂利希显然是要取这部作品名称的字面含义：绝望就是对没有任何出路的感受！因此，译者在此对这一名称做了直译。——译者注

性，这种怖畏又如此具有见地，将这样的孤独和怖畏承担起来的勇气也就成为作为自我而存在之勇气的一种突出的表现方式。人从勇气的种种源泉之中分离出来了——但并非是完全的分离：他依然能够去直面和接受他自身的这种分离。在奥登（Auden）的《焦虑年代》（The Age of Anxiety）中，在一个已经丧失意义的世界中承担起这种焦虑的勇气和对这种意义丧失的深刻体验表现的同样显著：这两极在"绝望的勇气"这一词组中相结合，并受到同等的关注。在萨特的《理性年代》（The Age of Reason）中，那位主人公所面对的处境是，他满怀激情地要成为自己，这种渴求驱使他必须拒绝向任何一种人类信念委身。他拒绝接受任何有可能限制其自由的事物。对他而言，没有什么是有终极意义可言的，不论是爱情、友情抑或政治。唯一不可改变的，是那种不受限制的改变的自由，是维护这种无内容之自由的自由。这位主人公代表了作为自我而存在的勇气中最为极端的一种形式，即那种要成为不受一切束缚并以全然虚无为代价的那个自我的勇气。通过创作出这样一个人物，萨特证明了他所拥有的绝望的勇气。而加缪（Camus）的《局外人》（The Stranger）则是从相反的方面来面对这同样的问题。加缪站在存在主义的边缘，但却与存在主义者一样尖锐地看见了无意义的问题。他笔下的主人公乃是一位丧失了主体性的男人。他在任何方面都毫无出众之处。他的行为和随便一位名不见经传的公务员在其不起眼的职位上所做的事没什么两样。他就是一个局外人，因为他从任何地方都不能与他自身或者与他的世界建立起一种实存上的联系。在他身上发生的一切对他而言都是没有任何实在性和意义可言的：一场并无真爱的爱情、一番不算真正审判的审判、一次实际上没有任何道理可言的死刑。在他身上，既没有罪疚也不存在宽恕，既没有绝望也不存在勇气。他没有被描述为一个个人，而是描述为一个不管他是在工作、相爱、谋杀还是饮食和入睡，都已完全被外部境况所占据的心理学过程。他是身处种种客体之中的一个客体，由于对他而言不存在意义，因此也无法在他的世界中发现意义。他表征着所有存在主义者所反对的绝对客体化的命运。他是以一种毫无妥协的最为激烈的方式来表征出这一点的。创造这一人物的勇气和卡夫卡创造 K 先生这一人物所怀有的勇气是一样的。

对戏剧稍加注意也会证实这一图景。戏剧，尤其是在美国，充满了无意义和绝望的意象。在一些戏剧中，除了无意义和绝望就别无他物了［如亚瑟·米勒（Arthur Miller）的《推销员之死》(*Death of a Salesman*)］；而在其他一些作品里，否定性并没有表现的那么肆无忌惮［如田纳西·威廉斯（Tennessee Williams）的《欲望号街车》(*A Streetcar Named Desire*)］。但是，很少有作品是肯定性的：哪怕是相对较为肯定的解决之道，也会因怀疑和对所有解决之道的歧义性意识而遭到破坏。让人震惊的是，在一个民主恪守主义体制中作为部分而存在的勇气盛行的国度里，这些戏剧居然吸引了数量庞大的民众去观看。对于美国乃至对于人类整体而言，这意味着什么？对于这一现象的重要性，一个人可能很容易就轻描淡写地对待之。他可以指出一个毫无疑问的事实，即哪怕去戏院观看的民众再多，也不过占了美国总人口极小的比重而已。他也可以将这一现象视之为一种注定会转瞬即逝的外来时尚，以此来消解存在主义戏剧对许多人具有吸引力的意义所在。他们所说的当然都是有可能的，但却并非必定如此。很可能，这相对而言的少数人（哪怕加上高等教育体制中所有的犬儒主义者和绝望者也依然是少数派）不过是走在了这个精神与社会－心理处境所要发生的伟大变革之前的一支先头部队。也有可能，越来越多的人看到了作为部分而存在的勇气所具有的局限性，他们的数量要比这种日益增长的轨范性所表现出来的还要多。如果这就是存在主义出现在舞台上的意义所在，那么，人们就应该仔细地观察它，以防它转变为作为部分而存在的勇气的种种集体主义形式的先行者——这是一种已为历史所充分证明了的威胁。

自从20世纪出现这一转向以来，对无意义的体验与作为自我而存在的勇气的结合就是视觉艺术发展的关键所在。在表现主义和超现实主义中，实在的表面结构被打乱了。构建起日常经验的种种范畴失去了它们原本的力量。实体这一范畴也消失了：种种固体对象就像绳子一样被扭曲缠绕；事物在因果关系上的相互依赖也被无视：事物以完全偶然的面目呈现；时间序列是没有意义的，一事件是发生在另一事件之前还是之后是无关紧要的；空间向度被还原或消解为让人惊恐的无限性。生命的有机结构被分割成片段然后再任意地（按照生物学而非艺术的观点）重新组合在一起：肢体被打散，色块亦与它们的自然载体相分离。心理学的过程（这一点主要指文学而非艺术）被逆转了：一个人的生活是从未来朝向过去的，没有节奏或者不具备任何有意义的组织形态。焦虑的世界就是一个范畴或说实在的各种结构已经不再发挥作用的世界。如果因果律突如其来地停止发挥作用，每个人都会变得茫然迷糊。而在（如我所喜欢称呼的）存在主义艺术中，因果性已经不再发挥作用了。

现代艺术一直被视作种种极权主义体系的先行者而遭受攻击。但仅仅回答说，所有的极权主义体系都是以攻击现代艺术来开始它们事业的，这是不够的。因为人们可以说，极权主义体系之所以要向现代艺术开战，只不过是因为它们力求与现代艺术中所表现出的无意义进行抗争。真正的回答潜藏在更深处。现代艺术不是一种宣传，而是一种启示。它表明了，我们在实存上的实在性就是如其本来所是的样子。它并没有掩盖我们所生活其中的实在。因此，真正的问题是：启示出这一处境就是在宣传这种处境吗？如果真是这样，那么，所有艺术都会变成毫无真诚可言的美化。不论是极权主义还是民主的恪守主义，它们所宣传的艺术都是不真诚的美化之举。它更像是一种理想化的自然主义,因为让艺术变得批判和革命的每一种危险都被它消除了。现代艺术的缔造者一直都能够看到我们实存中的无意义;他们也加入到这种处境之绝望中了。与此同时,他们也拥有直面它并将之表现在他们的绘画和雕刻中的勇气。他们拥有那种成为他们自身的勇气。

### 当代哲学中的绝望的勇气

存在主义哲学赋予我们在艺术与文学中所发现的绝望之勇气以理论形态。海德格尔在《存在与时间》(不管海德格尔关于这部著作提出过什么批评及其撤回其中观点的声明,它本身依然有其独立的哲学地位)中以哲学的精确方式描绘了这种绝望的勇气。他仔细地阐发了关于非存在、有限性、焦虑、操心(care)、终有一死、罪疚、良心、自我、参与等诸如此类的概念。在此之后,他对他称之为"决断"(resolve)的现象做出了分析。"决断"的德语词"*Entschlossenheit*"象征着对被焦虑、恪守成规和自我隔绝所关闭之事物的开启。一旦它被开启,人就能做出行动,但这一行动并不依从任何人任何事所给定的准则。没有人能对"做决断的"个体的行动提供指引——上帝、习俗、理性法则、准则或原理统统行不通。我们必须成为我们自己,我们必须决定去往何方。我们的良心是对我们自身的呼唤。但它并没有说出任何具体的东西,既不是上帝的声音,也不是对永恒原理的觉察。它呼唤我们成为我们自己，摆脱均质化的常人状态，摆脱日常的闲谈和常规，摆脱对作为部分而存在的恪守主义勇气的主要原则的适应。但如果我们追随这一呼唤，我们就会无可避免地背负上罪疚，不是来自道德的软弱，而是来自我们的实存处境。一旦拥有作为我们自己而存在的勇气，我们就变成有罪疚的人，并且被要求将这种实存的罪疚承担起来。只有有决断地将对有限性和罪疚的焦虑承担起来的人才能够直面无意义的各个方面。关于是非对错，没有准则和标准可言。是决断使得应为正确之事成其为正确。海德格尔的一个历史性作用就是，他对作为自我而存在的勇气所做出的存在主义分析要比其他任何人都更加充分，从历史上看，也更具破坏力。

萨特从早期的海德格尔那里得出了后期海德格尔所不愿意接受的结论。但是，从历史上看，萨特是否正确地得出了这些结论依然值得怀疑。萨特要比海德格尔更容易得出它们，因为在海德格尔的本体论背景中，隐含着带有神秘色彩的存在概念，而这一点对于萨特来说并无意义。萨特得出了海德格尔存在主义分析的结论，却去掉了他的神秘主义限定。这正是他成为当今存在主义之象征的原因。这一地位是实至名归的，但这与其说是由于他那些基本概念的原创性所致，倒不如说是由于他在提出这些概念的时候论调激进而又能一以贯之，并辅之以心理学上得当的分析。我在此首先指的是他的命题："人的本质就是他的实存。"这个句子犹如一道亮光,照亮了存在主义的整个舞台。我们可以说,它是所有存在主义文献中最让人绝望又最充满勇气的一句话。它说的是,除开他可以成为他想要成为的那个自己这一点外,人没有任何的本质属性。人创造他的存在。没有任何东西加诸其上以决定他的创造性。他存在的本质——"应是"或"当是"——并非他所发现者;而是他所造就者。人就是他自己所造就的东西。而作为自我而存在的勇气就是成为他所想要成为的那个自我的勇气。

还有一些没那么激进的存在主义者。雅斯贝尔斯(Karl Jaspers)采用一套含摄一切的"哲学信仰"(philosophical faith)来倡导一种新的恪守品格。另外一些人则谈到了"永恒哲学"(philosophia perennis)。而加布里埃尔·马塞尔(Gabriel Marcel)则从存在主义的激进论调转向了基于中世纪思想的半集体主义立场。海德格尔和萨特要比其他任何人更能代表哲学上的存在主义。

### 非创造性实存态度中的绝望的勇气

在以上数节,我已经讨论了这样一批人,他们所拥有的创造性勇气能让他们表达出实存的绝望。并不是很多人如此富于创造力。不过还存在一种非创造性的存在主义态度,它被称为"犬儒主义"(cynicism)。在今天,一名犬儒主义者和希腊人曾经用这个词所称呼的人并不是同一类人。因为对于古希腊人来说,犬儒主义者是一名基于理性和自然法而对同时代文化进行批评的人。

他是一名革命性的理性主义者，是苏格拉底的追随者。而现代犬儒主义者则并不打算跟随任何人。他们在理性上不坚持任何信念，没有什么真理标准，没有一整套的价值观，也不会去回答有关意义的问题。他们力图打破摆在他们面前的一切准则。他们的勇气并不是以富于创造力的方式予以表达的，而是表现在他们的生活方式之中。任何的答案，只要会剥夺他们那种想拒绝什么就拒绝什么的自由，他们就会勇敢地予以拒绝。犬儒主义者是孤独的，尽管为了显示他们的孤独，他们又需要有同伴。他们既缺少始发的意义，又没有终极的意义，因而很容易成为神经官能症焦虑的受害者。大量强制性的自我肯定和狂热的自我屈从都是这种非创造性的作为自我而存在的勇气的表现形式。

### 作为自我而存在的勇气的局限性

这就引向了作为自我而存在的勇气不仅在其非创造性形式中也在其创造性形式中所具有的局限性问题。勇气是具有"不顾"性质的自我肯定，作为自我而存在的勇气也就是对自我作为它本身所做出的自我肯定。但是，人们必定会问：这个肯定它本身的自我是什么？激进的存在主义会回答说：那就是造就它自身所是者。这就是它所能说出的全部了，因为任何更多的东西都会束缚自我的这种绝对自由。自我，一旦切断了它对其世界的参与，就徒剩一具空壳，亦即一种单纯的可能性而已。它必须行动，因为它有生命；但它又不得不一再地行动，因为行动会将行动的人卷入到他所依之而行的对象中。这赋予自我以内容，但也因此而束缚了造就他想成为自己的自由。在古典神学中，不论是天主教还是新教，均只有上帝才能享有这种特权：他是自有的（ā sē，因自身而在），或者说，他就是绝对的自由。他之中的一切无不凭借他而有。存在主义，基于上帝已死这一消息，赋予人以这种神圣的"自存性"（a-se-ity）。人之中的一切也无不应该凭借人而有。但人是有限的，他是作为他所是者而赋予他自身的。他接纳他的存在及其存在之结构，包括有限自由的结构。而有限自由并非自存性。只有当人所肯定的不是一副空壳即单纯的可能性，而是在行动与不行动之先就已发现自己置身其中的存在结构时，他才能肯定自身。有限自由有一种确定的结构，而如果自我试图冒犯这一结构，它将以失去自身而告终。萨特《理性年代》中那位奉行不参与的主人公陷入到偶然性的藩篱之中，这部分来自他自我的潜意识层面，部分来自他不可能摆脱的那个环境。仅仅因为自我不知道或不接受那些奴役它的东西成为构成自我的内容，这个确实空虚的自我就已被这些内容所充满了。正如我们此前所说，这一点对于犬儒主义也是真实的。他不可能逃避自我所具有的种种力量，这些力量促使他想保留的那种自由丧失殆尽。

在20世纪的极权主义反对19世纪革命性的存在主义的过程

中，作为自我而存在的勇气所具有的这种辩证的自我破坏的极端形式在全世界范围内都已然出现了。对于非人性和客体化所做出的存在主义抗议，连同它那作为自我而存在的勇气，都转变为历史上曾有过的最精致也最压抑的集体主义形式。俄国的新集体主义一直宣称它是一种为了解放所有人的运动，现在却转变为奴役所有人甚至包括那些奴役他人之人的体系，这是我们这个时代的巨大悲剧。从心理学意义的破坏来看，我们很难想象这一悲剧有多深重，尤其是在智识界。无数人内心的存在勇气遭到了摧毁，因为这是19世纪革命运动意义上的存在勇气。当它崩塌之时，这些人要么在一种狂热而神经质的反其道而行中转向了新集体主义的体系，要么对一切体系、任何内容都变得犬儒主义般神经质的漠不关心。

显然，我们从作为自我而存在的尼采式的勇气类型转变为法西斯–纳粹主义式的新集体主义形式这一过程中也可以观察到类似的现象。这些运动所产生的极权主义机器体现在作为自我而存在的勇气所反对的几乎一切事物之中。为了让这一勇气不可能实现，它们运用了所有可能的手段。最终，这套系统倒塌了，但遗留下来的是混乱、冷漠和犬儒主义。而这却是对于权威和新集体主义的渴求所得以滋长的土壤。

上述两章分别论述了作为部分而存在的勇气和作为自我而存在的勇气，它们表明了：这两者如果彻底贯彻下来，前者将会导致在集体主义中失去自我；而后者则会导致在存在主义中失去世界。这将我们带到最后一章的问题：是否存在一种超越此二者并因此而能将它们统一起来的存在的勇气？

第六章

# 勇气与超越

（接受被接受的勇气）

勇气就是不顾非存在的事实而对存在所做的自我肯定。它是个体自我将非存在之焦虑承担起来的行动；这要么通过将个体自我作为含摄一切之整体的一部分予以肯定来实现，要么通过在其个体的自我本性中对自身做出肯定来实现。勇气永远包含着风险，不论是失去自我从而变成事物整体中之一物的风险，还是在一种空洞的自我相关性中失去世界的风险，它都总是受到非存在的威胁。勇气需要存在之力，即一种超越非存在的力量；这种非存在在对命运与死亡的焦虑中为人所体验，也出现在对空虚和无意义的焦虑之中，同时在对罪疚和谴责的焦虑中发挥着作用。能将这三重焦虑纳入自身的勇气必须扎根于某种比自我的力量和世界的力量均更为强大的存在之力中。不论是作为部分的自我肯定还是作为自我的自我肯定，都无法跨越非存在的这三重威胁。此前提到的作为这些勇气形式的代表人物都力图超越他们自身与他们所参与的世界，为的是找寻到存在本身的力量以及某种跨越非存在威胁的存在的勇气。对于这一规则并无例外可言；而这意味着，每一种存在的勇气都或公开或隐匿地拥有宗教性的根源。因为宗教正是那种被存在本身的力量所攫取住的存在状态。在某些情形中，这一宗教根源被小心翼翼地掩盖起来了；而在其他情形中，它则被激烈地予以否认。有时它深深隐匿不为人所见，有时它又流于表面。但它从未完全缺席。因为任何存在之物均参与存在本身，而且每个人都对这种参与有某种意识，尤其是在他体验到非存在之威胁的那些时刻。这引导我们走向最后的思考，即提出双重的追问：存在的勇气是如何扎根于存在本身的？以及我们如何通过思考存在的勇气来领会存在本身？第一个问题探讨的是作为存在勇气之源泉的存在根基，第二个问题则探讨通往这一存在根基的存在的勇气。

## 作为存在勇气源泉的存在之力

### 神秘主义经验与存在的勇气

既然人与其存在根基的关系必须表达为取自存在结构的种种象征，则参与和个体化的两极性也就决定了这一关系的特性，正如它也决定了存在勇气的特性一样。如果参与占据主导地位，人与存在本身的关系就具有神秘主义的特征；如果个体化盛行，人与存在本身的关系就带上人格化的特征；如果两者均被接受和超越，则人与存在本身的关系就有了信仰的特征。

在神秘主义中，个体自我努力追求能参与存在根基之中以实现同一。我们的问题并非这一目标是否有可能在一个有限的存在者身上实现，而是神秘主义是否以及如何能够成为存在勇气的源泉。我们曾经提及斯宾诺莎体系中的神秘主义背景，也提到他从人对所参与的神圣实体的自我肯定中得出人的自我肯定的方式。一切神秘主义者都通过类似的方式，从关于他们所与之相统一的存在本身之力的体验中获取他们自我肯定的力量。但人们或许会问，勇气能够以任何方式与神秘主义统一在一起吗？例如，在印度，勇气似乎被看作刹帝利（武士阶层）的美德，它被认为要低于婆罗门或苦行沙门的阶层。神秘主义式的同一却超越了勇于自我奉献的苦行式美德。它是一种更高、更完全也更激进的自我顺从。它是自我肯定的圆满形态。但如果真是这样，那么它就是在勇气这个词更广大而非更狭窄意义上所说的勇气。实施苦行并契入出神状态的神秘主义者，通过克服在此如梦如幻的有限世界中所呈现的非存在因素来肯定他自身的本质存在。它需要巨大的勇气来抵抗显现的种种诱惑。在这样一种勇气中所展现出的存在力量是如此的巨大，连诸神也会因恐惧而颤栗。神秘主义者力图穿透存在之根基，即那遍在而充盈的梵（Brahman）之力。以此方式，他肯定了与梵之力相合一的那个本质自我；与此同时，所有陷于虚幻此世之束缚中的芸芸众生对他们自性的肯定其实都不是在肯定真我，不论这自性到底是动物、人还是诸神。这就使得神秘主义者的自我肯定迥出于贵族武士阶层那种作为特殊美德的勇气之上了。但他并非完全超出了整个勇气。从有限世界的观点来看表现为自我否定的事物，从终极存在的观点来看却是最圆满的自我肯定，即最激进形态的勇气。

在这样一种勇气之力中，神秘主义者克服了对命运和死亡的焦虑。由于时空中和有限性范畴之下的存在从终极意义上看皆虚妄不实，从它而来的种种生灭无常和最后的非存在也就同样的虚妄不实。非存在并不是什么威胁，因为有限存在归根结底就是非存在。死亡是对否定之物的否定和对肯定之物的肯定。以同样的方式，对怀疑和无意义的焦虑也被纳入到神秘主义的存在勇气之中。怀疑被引向那存在的万有，亦是其存在因其虚幻性而存疑的万有。怀疑揭开了虚幻世界的面纱，它击破对种种不合于终极实在之戏论所做的辩护。而这一显现方式并没有受到怀疑，因为它就是每一种怀疑行为的前提。没有对真理的觉知，对真理的怀疑就是不可能的。终极意义并不是什么定然如此之物，而反倒是一切定然如此之意义的深渊，但就在这一终极意义处，无意义的焦虑得到了克服。神秘主义者契入实在的不同境界，逐渐打通然后离去，在此过程中，他一步步体验到意义的缺失。只要他在这条道路上一路前行，对罪疚和谴责的焦虑也同样得以克服。它们并非消失了。在每一个境界中，罪疚都有可能被体验到，这部分是由于无法完全实现这一境界的内在要求，部分是由于无法突破这一境界。但只要给定了最终圆满的确定性，对罪疚的焦虑就不会转变为对谴责的焦虑。在亚洲的神秘主义中，按照业（Karma）的法则，存在自动运作的惩罚机制，但并不存在什么谴责。

神秘主义的存在勇气能存在多久，端赖于神秘主义境界能维持多久。它的边界就是存在与意义的虚无状态，这一状态，如神秘主义者所描绘的那样，让人佈畏与绝望。在这种时刻，存在的勇气就被削减为对这一状态的接受，将之视作通往光明前之黑暗、达至丰盈前之空虚的必经之路。只要存在之力的缺失被感受为绝望，那么，就正是这存在之力使得它自身在经历着对绝望之感受。对这一绝望的体验和忍受正是处于虚无中的神秘主义者的存在勇气。尽管表现出极端肯定和极端否定的神秘主义较为罕见，但其基本态度，其对与终极实在合一的努力追求及其承担隐含在有限性中之非存在的勇气，依然是众多人的一种生活方式，他们接受了这种生活方式，同时也被这种生活方式所塑造。

但神秘主义并不仅仅是人与存在根基之关系的一种特殊形式。这种关系的所有形式中都具有这一因素。既然存在的一切都参与到存在之力中，任何宗教经验中就不可能缺少这种作为神秘主义之基础的同一性。在存在根基及其克服非存在的力量没有起作用的地方，有限存在就不可能做出自我肯定，也不可能有存在的勇气。即便是在与上帝的人格化相遇中，体验到这种力量之在场的神秘主义因素也依然存在。

## 神—人相遇与存在的勇气

个体化一极表现在人与上帝的人格化相遇这一宗教经验中。由它而来的勇气是在宗教经验中所展现的对人格化实在之信心的勇气。不同于神秘主义的统一，我们可以将这一关系称之为人与勇气源泉的人格化交往（personal communion）。尽管这两种关系类型很不相同，但它们并不相互排斥。因为通过个体化与参与两极间的相互依存，它们得以统一。信心的勇气经常被等同于信仰的勇气，尤其是在新教那里。但其实这并不足够，因为信心仅仅是信仰的一个因素。信仰涵括了神秘主义的参与和人格化的信心。《圣经》的大量篇幅都在用强烈的人格主义口吻描述这一宗教性的相遇。圣经主义（Biblicism），尤其是在宗教改革家那里，皆追随这种对人格化的强调。路德将矛头指向罗马天主教系统中那些客体化、数量化和非人格的因素。他力求捍卫上帝与人之间这种人格与人格的关系。在他心目中，信心的勇气在基督教思想史中达到了最高点。路德的每一部作品，尤其是其早年作品，通篇都是这样的勇气。他一再使用"trotz"即"不顾"这个词。不顾所有他经验到的否定性，亦不顾当时占据统治地位的那种焦虑，他从自己对上帝无可动摇的信心以及与上帝的人格化相遇中获得了自我肯定的力量。根据他那个时代对于焦虑的种种表现形式，他的勇气所必须克服的否定性象征化为死亡和魔鬼的形象。人们正确地指出，丢勒（Albrecht Dürer）的雕版画《骑士、死亡与魔鬼》经典地传达出路德派宗教改革的精神，或许还有路德关于信心（confidence）的勇气和他独有的存在勇气的精神。一位全身胄甲的骑士骑马穿行于山谷，陪伴在两旁的，是死神和魔鬼。骑士无畏、专注而充满信心地望向前方。他独自一人却并不孤独。在其独行中，他参与到那种让他得以不顾实存种种否定性之在场而肯定自身的勇气之中。他的勇气当然不是作为部分而存在的勇气。宗教改革背离了中世纪的半集体主义。路德关于信心的勇气是一种人格化的勇气，来自人与上帝的人格化相遇。教皇或公会议都不可能赋予他以这种信心。因此，路德之所以必须拒绝它们，不过是因为它们所倚赖的教义阻隔了信心的勇气。它们所认可的是一个从未能完全克服对死亡与罪疚之焦虑的体系。有着众多的保障，但却均没有确定性可言；为信心的勇气提供了大量的支撑，但却缺少确实无疑之根基。集体提供了对抗焦虑的不同道路，但却没有一条路径能让个体将其焦虑承担起来。其中的人从未是确定无疑的；他也从未能怀着无条件的信心对他的存在做出肯定。因为他从来就未能够在一种亲密无间的人格化关系中，用他的整个存在去与无条件者直接相遇。除非在神秘主义中，否则上帝与人之灵魂的相遇就是间接和局部的，总是以教会为中介的。当宗教改革取消这一中介并打开了一条直接、全身心投入、人格化的通往上帝之路，一种新的非神秘性的存在勇气就成为可能了。它出现在富于战斗气质的新教英雄人物身上,不仅是在路德的宗教改革那里,也是在加尔文主义者那里,甚至在加尔文主义中表现得更加突出。这不是那种甘冒殉道之险的英雄主义,也不是那种反抗权威或者改革教会架构与社会结构的英雄主义,而是信心的勇气,即让人们变得英勇无惧、成为他们勇气的其他表现方式之基础的那种勇气。人们或许会说,自由主义的新教也通常如此认为,宗教改革家的这种勇气是作为自我而存在的勇气的个人主义类型的开端。但这样一种诠释混淆了事件可能具有的历史影响与事件本身。在宗教改革家的这种勇气中,作为自我而存在的勇气既得到了肯定,也得到了超越。与勇敢的自我肯定的神秘主义形式相比,新教关于信心的勇气将个体自我肯定为与人格上帝相遇之中的个体自我。这就使得宗教改革的人格主义(personalism)与此后所有形式的个人主义和存在主义都完全区别开了。宗教改革家的勇气并非作为自我而存在的勇气——就像它也不是作为部分而存在的勇气一样。它超越这两者又统一这两者。因为信心的勇气并不扎根于关于自我的信心中。宗教改革所宣告的是与之相反的东西:一个人只有不再将信心置于自我的基础之上,才能够对自身的实存抱持信心。另一方面,信心的勇气也绝不会基于自我之外的任何有限之物——哪怕是教会——之上。它基于上帝且唯独基于上帝,即基于那位在独一无二的人格化相遇中为人所经验到的上帝之上。宗教改革的勇气超越了作为部分而存在的勇气和作为自我而存在的勇气。无论自我之丧失还是世界之丧失，都无法对它构成威胁。

### 罪疚与接受被接受的勇气

在新教关于信心的勇气的中心处，伫立着不顾罪疚之意识而接受被接受的勇气。路德，事实上也是那一整个时代，将对罪疚与谴责之焦虑体验为他们焦虑的主要形式。不顾这一焦虑而肯定自身的勇气正是我们所说的信心的勇气。它扎根于对神之宽恕的那种人格化、全身心投入和直接的确定性之中。有一种对宽恕的信靠存在于人类一切形式的存在勇气中，甚至新集体主义亦然。但没有一种诠释能像真正的新教那样，将对人类实存的诠释置于如此突出的地位。历史中也没有一场运动能像新教那样深刻，那样富于悖谬性。在路德式的表述（自神圣宽恕的视角看）"不义者为义"或更为现代的短语"不可接受者得接受"中，对于罪疚与谴责之焦虑的胜利得到了鲜明的表达。我们可以说，存在的勇气就是不顾其无法接受而将自我作为被接受者接受下来的勇气。我们无须提醒神学家这一事实，即这就是保罗和路德关于"因信称义"学说之真义所在（这一学说的源初表述即使对于神学研究者而言也已然无法理解了）。但我们必须提醒神学家和传道人，通过精神疗法将接受的观念首先用于治疗对罪疚的焦虑，这一观念已经得到了人们的关注并取得了重要性；这一观念在宗教改革时期可以从类似"对罪之宽恕"或"因信称义"等短语中看到。虽为不可接受,却仍得到接受,对这种被接受之接受是信心的勇气的基础。

对于这一自我肯定而言至关紧要的是,它独立于道德上、理智上或宗教上的任何前提条件:有资格获得这种接受被接受之勇气的并非善人、智者或虔敬之士,而是那些缺少所有这些品格并且意识到自己无法被接受的人。然而,这并不意味着,它是由作为自我的自我所做出的接受。它并非是让一个人身上偶然的个体性得以称义。它不是存在主义式的作为自我而存在的勇气。它是悖谬性的行动,在此行动中,人被那无限超越个体自我者所接受。它是宗教改革家经验中对不可接受之罪人的接受,以此进入到与上帝的审判性和转变性的交流之中。

在这一方面,存在的勇气就是接受对罪之宽恕的勇气,不是作为一个抽象的论断,而是作为与神相遇的根本经验。不顾对罪疚与谴责的焦虑而来的自我肯定假定了对超越自我的某物的参与。在治疗性的交流中,比方说进行精神分析时,患者参与到救助者的疗救力量之中,通过救助者,他即便觉得自己是不可接受的却依然得到了接受。在此关系中的这位医者并不代表作为个体的他本人,他代表的是这种接受和自我肯定中的客观力量。这一客观力量通过医者而在患者身上发挥着作用。当然,它必须具体体现在能够认识到罪疚、能做审判并且能不顾此判决而去接受的某个人格之上。被够不上人格的某物所接受是永远无法克服个人人格上的自我拒斥的。我向之面壁忏悔的一堵墙是不可能宽恕我的。如果一个人不是在一种人格对人格的关系中获得接受，自我接受就是不可能的。但即便一个人以人格性的方式获得接受，他还需要一种能接受这种被接受的自我超越的勇气，需要一种信心的勇气。因为被接受并不意味着否定了罪疚。疗救师如果想要努力去说服他的患者其实他并不真的有什么好愧疚的，这只会适得其反。他会妨碍患者将他的罪疚纳入其自我肯定中。他可以帮助患者将错置了的神经官能症的罪疚感转化为真正的罪疚感，或不妨说是放回正确位置的罪疚感；但他不能告诉患者他并无任何罪疚。他要将患者接纳到既不谴责也不掩盖任何事的交流之中。

然而，正是在这里，宗教性的"作为被接受之接受"（acceptance as being accepted）超越了医学的治疗。在对不可接受者的接受中，宗教要求的是疗救力量的终极源泉，它要求的乃是上帝。被上帝所接受，亦即上帝的宽恕或证成其义的行为，乃是能够将罪疚与谴责之焦虑纳入自身的存在勇气那唯一的终极源泉。因为自我肯定的终极力量只可能是存在本身的力量。任何低于存在本身的事物，人自己或其他人的有限的存在力量，都不可能克服人在自我谴责的绝望中所体验到的那种激烈而无限的非存在的威胁。这正是为什么在像路德这样的人身上所表现出来的信心的勇气要不断去强调对上帝的排他性信仰，要拒绝承认他的存在勇气还有任何其他根基的原因所在；要成为存在勇气之根基，其他事物不但难以胜任，而且还会驱使人进入更重的罪疚和更深的焦虑之中。宗教改革家所带来的信息以及他们那种不可战胜的接受被接受的勇气所带来的创造力极大地解放了16世纪的人们；之所以如此，正是由于"唯独信仰"（*sola fide*）这一学说，亦即是由于以下信息：信心的勇气并不为任何有限之物所局囿，而唯独受到无条件者自身的限制，我们在一种人格与人格的相遇中将之经验为无条件者。

### 命运与接受被接受的勇气

正如死神和魔鬼这些象征性形象所表明的，那个时期的焦虑并不限于对罪疚的焦虑。它也是对死亡和命运的焦虑。古代世界后期的星相学观念被文艺复兴运动所复兴，甚至那些投身宗教改革的人文主义者也受到了影响。我们曾提到一些文艺复兴画作中所表现的新斯多亚主义勇气：尽管船为命运之风所鼓动，生命的船依然由画中人所把控。路德面对的却是另一个层面对命运的焦虑。他体验到对罪疚的焦虑与对命运的焦虑之间的联系。正是不安的良心让我们在日常生活中产生了数之不尽的非理性恐惧。一片枯叶落地也会让饱受罪疚折磨的人感到惊恐。因此，对罪疚焦虑的征服也就是对命运焦虑的征服。信心的勇气不但将罪疚的焦虑也将命运的焦虑纳入了自身。它对此二者皆说出了"不顾"。

这正是神的护佑（providence）学说之真义。护佑并不是一种关于上帝行为的理论；它是从命运与死亡的视角对于信心的勇气的宗教性象征。因为，信心的勇气甚至面对死亡也说出了"不顾"。

跟保罗一样，路德也充分意识到罪疚焦虑与死亡焦虑之间的联系。在斯多亚主义和新斯多亚主义那里，本质自我并不受死亡的威胁，因为它从属于存在本身并超越了非存在。苏格拉底处于他的本质自我的力量之中，征服了对死亡的焦虑；他因此成为承担死亡的那种勇气的象征。这也正是柏拉图所说的灵魂不朽学说的真正意蕴。在讨论这一学说时，我们应该略过有关不朽的那些证明，哪怕是柏拉图《斐多篇》(Phaedon)，而要聚焦于"将死之苏格拉底"这一意象。所有这些连柏拉图本人对之也心存疑虑的证明，都不过是在尝试阐发苏格拉底的勇气，即那种将死亡纳入自我肯定中的勇气。让苏格拉底十分确定的是，行刑之人所毁灭的那个自我，并不是在他的存在勇气中所肯定的那个自我。他并没有过多谈及这两个自我之间的关系，而且他也不可能这么做，因为它们并非数目上的两个，而是同一样东西的两个面向。但他说的很清楚，死亡之勇气乃是对存在之勇气的考验。那种不将对死亡之肯定纳入自身的自我肯定乃是在力求逃避对勇气的这一考验，逃避不去直面这种最为激烈的非存在形式。

在西方世界广为流行的有关不朽的信念很大程度上取代了基督教有关复活的象征。这种信念是勇气与逃避的一种混合物。它力求保持一个人的自我肯定，哪怕面对人终有一死的处境。但它是通过无限地延续一个人那终有一死的有限性以使得现实的死亡永远不会到来而实现的。然而，这不过是一种幻觉，而且逻辑上讲，也是语词上的自相矛盾。它要让那根据定义必然走向结束之物永不结束。这种"灵魂不朽"是存在勇气在面对人终有一死之处境时一种可怜的象征。

苏格拉底的勇气（在柏拉图描绘的场景中）并不是基于灵魂不朽的学说，而是基于对他自身本质性和不可摧毁的存在的肯定。他知道他从属于实在的两种秩序，其中一种是超时间的。正是苏格拉底的勇气而非任何哲学反思，向古代世界揭示出了，每个人都从属于两种秩序。

但是，在苏格拉底（以及斯多亚主义和新斯多亚主义）将死亡承担起来的勇气中，存在一个前设，那就是，每一个体都拥有参与到时间秩序和永恒秩序这两种秩序中的能力。这一前设是基督教所不接受的。按照基督教的看法，我们与我们的本质存在是相疏离的。我们并不能自由地实现我们的本质存在，我们不得不与之相对立。因此，只有借助让死亡不再成为"罪的工价"[1]的信心状态，死亡才有可能被接受。然而，这是不顾其为不可接受

---

[1] "罪的工价"（the wages of sin）出自《圣经·罗马书》6:23 中的"因为罪的工价乃是死"一语。——译者注

而得接受的状态。这正是古代世界被基督教所转变的关键处，也是路德直面死亡的勇气所扎根处。在这种勇气之下，并非关于不朽的可疑理论，而是被接纳到与上帝的交往中的存在。在路德那里，与上帝的相遇并不仅仅是承担起罪与谴责的勇气的基础，它还是承担起命运与死亡的勇气的基础。因为遇见上帝就意味着遇见超越性的保障和超越性的永恒。参与到上帝中的人亦即参与到永恒中。但为了参与到上帝中，你必须先被他所接受，并且你必须接受他对你的接受。

路德曾体验过他称之为来自彻底绝望（Anfechtung）的攻击，这是一种来自全然无意义的可怕威胁。他在这些时刻感受到来自撒旦的攻击，一切皆在其中遭受威胁：他的基督教信仰、他对事工的信心、宗教改革运动、对罪的宽恕。在这些绝望的极端时刻中，一切都坍塌了，存在的勇气消失殆尽。在这些时刻之中，也在他对这些时刻所做的描述中，路德预示了现代存在主义对它们所做的种种描述。但对他而言，这并非最后的定论。最后的定论乃是十诫的第一诫，即上帝就是上帝的表述。它提醒路德注意到人类经验中的无条件因素，即使在无意义之深渊中，人也能意识到这一因素。正是这种意识拯救了路德。

不应该忘记的是，路德的伟大对手，身为再洗礼派信徒和宗教社会主义者的托马斯·闵采儿（Thomas Münzer）也描述过类似的经验。他谈到了那种一切有限之物绽露出有限性的终极处境，有限者走到了尽头，心灵为焦虑所牢牢把捉，先前的一切意义皆分崩离析；但也正是因此之故，圣灵自身得以为人所感受到，从而能将整个处境转变为存在的勇气，而这种勇气的表现就是革命性的行动。路德代表的是教会的新教主义，而闵采儿则代表了福音的激进主义。两人都塑造了历史；实际上，在美国，闵采儿的观点甚至比路德的更有影响。两人都经验到无意义的焦虑，并用基督教神秘主义者所创造的语言对之做出了描述。但他们如此做之时，他们超越了基于人与上帝的人格化相遇而来的那种信心的勇气。他们不得不接收从基于神秘主义的统一而来的存在勇气的某些因素。这也就导致了最后一个问题：考虑到我们这个时代无处不在的怀疑和无意义之焦虑，接受被接受之勇气的这两种类型是否能够获得统一？

### 绝对信仰与存在的勇气

不论是在基于与上帝人格化的相遇而对存在勇气所做的描述中，还是在基于神秘主义的统一而对存在勇气所做的描述中，我们都回避了信仰的概念。这部分是因为信仰概念已经失去其真实的意涵，反而带上了"相信某种不可信之物"的意思。但这并非我们使用其他语词而非信仰的唯一理由。决定性的理由是，我认为，无论是神秘主义的统一还是人格化的相遇，都无法完全实现出信仰这一观念。在灵魂从有限超拔于无限并与存在之根基达至合一的提升过程中，当然存在着信仰。但信仰概念中包含着比此更多的东西。信仰乃是为存在本身之力量所攫取的那种状态。存在的勇气是对信仰的表达，而"信仰"的含义也必须通过存在的勇气方可理解。我们曾将勇气定义为不顾非存在而对存在所做的自我肯定。这种自我肯定的力量就是存在的力量，这一力量在每一个怀有勇气的行动中发挥着作用。信仰正是对这种力量的经验。

但它是一种具有悖谬性特征的经验，即具有接受被接受的特征。存在本身无限地超越每一个有限的存在；在神人相遇中的上帝无条件地超越了人。信仰通过接受如下事实而在这一无限的鸿沟之上架起了桥梁，这一事实即存在的力量不顾此鸿沟而在场，被分离者得到了接受。信仰接受此"不顾"，并从这一信仰的"不顾"中诞生了勇气的"不顾"。信仰并非从理论上对某种不确定之物的肯定，它是对超越日常经验的某物在实存上的接受。信仰不是一个观点，而是一种状态。它是被存在之力所攫取的状态。这是超越了存在的一切而存在的一切也参与其中的力量。被这种力量所攫取的人之所以能够肯定他自身，是因为他知道他被存在本身的力量所肯定。在这一点上，神秘主义经验和人格化相遇是同一的。在这两者中，信仰都是存在勇气的基础。

对于一个怀疑和无意义的焦虑占主流的时期，就好比我们所处的这个时代而言，这一点是至关重要的。当然，在我们这个时代并非没有对命运和死亡的焦虑。随着我们世界的精神分裂症将过往的最后一点安全感也消除了，人们对命运的焦虑亦与日俱增。对罪疚与谴责的焦虑也并没有消失。让人吃惊的是，在精神分析与个人咨询中，竟然显示出如此之多对罪疚的焦虑。数个世纪以来，清教徒与中产阶级对富有生命力的那些奋斗所做出的压制与中世纪有关地狱和炼狱的布道产生了几乎同样多的罪疚感。

不过，即便考虑到这种种限定条件，我们还是要说，在我们这个时代起决定性作用的焦虑是怀疑与无意义的焦虑。人害怕失去或终将失去他实存的意义。对这一处境的表达就是今天的存在主义。

何种勇气能够将怀疑与无意义形式的非存在纳入自身呢？这是探究存在的勇气时最重要也最让人头疼的问题。因为对无意义的焦虑破坏了在对命运与死亡的焦虑和对罪疚与谴责的焦虑中都未被动摇过的东西。在罪疚与谴责的焦虑中，怀疑依然未能破坏对终极责任的确定性。我们受到了威胁，但并未毁灭。然而，如果怀疑和无意义弥漫开来，人们就会经验到生命意义和终极责任之真理都消失于其中的那个深渊。不论是怀着苏格拉底式的智慧的勇气而征服了命运焦虑的斯多亚主义者，还是怀着接受宽恕的新教勇气而征服了罪疚焦虑的基督徒，他们所面对的处境均与此不同。甚至在终有一死的绝望和在自我谴责的绝望中，意义依然得到了肯定，而确定性也得以保存。但在怀疑与无意义的绝望中，这两者都被非存在吞噬了。

于是，问题便是：是否存在一种能够征服无意义与怀疑之焦虑的勇气？或换言之，接受被接受的信仰是否能够抵抗最激烈形式的非存在之力？信仰能否抵抗无意义？是否存在某种可以与怀疑和无意义一同存在的信仰？这些问题引向了此前数讲所讨论的问题的最后一点，也是与我们时代最为息息相关的问题：如果创造存在勇气的所有道路都因体验到它们在终极上的不充分性而被阻隔，那么，存在的勇气何以可能？如果生命如同死亡一样了无意义，如果罪疚与完满同样可疑，如果存在并不比非存在更富于意义，那么，人又能将存在的勇气置于何种基础之上？

一些存在主义者在回答这些问题时有一种倾向，即从怀疑一下子跳跃到教条式的确定性上，从无意义跳跃到体现着某个特定教会或政治团体之意义的一套象征中。这种跳跃可从不同方面来诠释。它或许是渴求获得安全感的表现；或许按照存在主义原则来说，跟任何决定一样的独断；或许是感受到基督教启示是对人的实存分析所产生的那些问题的回答；又或许是独立于理论情境的一种真实转变。但无论如何，它都不是对极端怀疑这一问题的解决之道。它将存在的勇气给予了那些转变了信念的人，但它却没有回答这样一个问题：这样一种勇气自身是何以可能的？问题的答案和它的先决条件一样，必须接受这种无意义的状态。如果它要求摆脱这种状态，那么它就不是答案；因为那是不可能做到的。为怀疑和无意义所掌控的人是不可能将自己从这种掌控中解放出来的。他要寻求的是一种在其绝望处境之内而非之外有效的答案。他寻求的是被我们称作"绝望的勇气"（courage of despair）的事物的终极性根基。如果人不想逃避这个问题，那么只有一种可能的回答，那就是：对绝望的接受本身就是信仰，它就处于存在勇气的边缘处。在此处境中，生命的意义缩减为对生命意义之绝望。但只要这种绝望是生命的一种行动，它就是否定性中的肯定。反讽地说，我们可以认为，对生命之反讽就是生命之真实。宗教地说，我们说的是，一个人将自身作为被接受者而接受，不顾他对于这种接受之意义所感受到的绝望。每一种激烈的否定性，其悖谬正在于，只要它是能动的否定性，它为了能够否定自身就必须肯定自身。没有一种现实的否定能不具有一种隐含的肯定。由绝望所产生的那种隐秘快感就是对自我否定的这种悖谬特征的见证。否定者的生命就来自它所否定的肯定者之中。

使得绝望的勇气得以可能的这一信仰是对存在力量的接受，哪怕身处非存在的攫取之中。即使在对意义的绝望之中，存在也通过我们而肯定了自身。接受无意义这一行动本身就是一种充满意义的行动。它是信仰的行动。我们已经看到，拥有不顾命运与罪疚而肯定其存在的勇气的人并没有消除命运与罪疚。他依然受到它们的威胁并被它们所击中。但是，他接受自己被他所参与的存在本身之力所接受，而这就赋予了他承担起命运与罪疚之焦虑的勇气。这对于怀疑和无意义来说也同样真实。创造出将它们纳入自身的勇气的那种信仰并没有什么特殊内容。它就是单纯的信仰,不受任何指引的绝对的信仰。它不可定义,因为所定义的一切都会为怀疑和无意义所消解。然而,即使绝对信仰也并非主观情绪的爆发或毫无客观基础的心情。

对绝对信仰本性的分析揭示了它之中所包含的如下因素。首先是对存在之力的经验,它即使在非存在展现的最为激烈之时也依然在场。如果一个人认为,在这种经验中,生命力在反抗绝望,那么,他就必须加上,人之中的生命力是与意向性成正比的。能够经受无意义深渊的生命力意识到了在意义摧毁的内部有一种隐匿的意义。绝对信仰中的第二个因素,是非存在经验对于存在经验的依赖以及无意义经验对于意义经验的依赖。甚至在绝望中,人也拥有足够的存在以使得绝望成为可能。绝对信仰中还有第三个因素,即对被接受的接受。诚然,在绝望中,无人亦无物在接受;但存在为人所经验的接受之力。无意义,只要它为人所经验到,就包括了对"接受之力"的经验。自觉接受这种接受之力就是绝对信仰的宗教性回答,这种信仰被怀疑剥夺了一切具体内容,但它依然是信仰,是存在勇气最为悖谬之展现的源泉。

这一信仰既超越了神秘主义经验,也超越了人神相遇。神秘主义经验似乎更接近绝对信仰,但其实不然。绝对信仰包含一种怀疑主义的因素,这是一个人不可能在神秘主义经验中发现的。当然,神秘主义也超越了一切特定内容,但这并不是因为它怀疑它们或发现它们的无意义;而是因为它将它们视作预备性的。神秘主义将特定的内容用作阶梯，一经使用之后就踩着它们拾级而上了。然而，无意义之经验并不使用它们，它只是否认它们（以及伴随它们的一切事物）。无意义的经验要比神秘主义更加激进。因此，它超越了神秘主义经验。

绝对信仰也超越了人神相遇。在这种相遇中，主体－客体这一框架是有效的：一个确定的主体（人）与一个确定的客体（上帝）相遇。我们也可以颠倒这一说法，认为是一个确定的主体（上帝）与一个确定的客体（人）相遇。但在这两种情形中，来自怀疑的进攻都会对这种主客结构造成破坏。那些强烈地主张并极其坚决地谈论人神相遇的神学家终会意识到如下处境：这种相遇会被极端怀疑所阻碍，不剩任何东西，除了绝对信仰。然而，将这一处境接受为宗教上有效的处境会具有这样一种后果，即普通信仰的具体内容必须服从于批评与转变。这种激烈形式的存在勇气是理解上帝观念的关键所在，这一上帝观念既超越了神秘主义，也超越了两个人格间的相遇。

## 作为通达存在自身之钥匙的存在的勇气

### 开启存在的非存在

所有形式的存在勇气本身都拥有一种启示特征。它显示出存在的本性；它表明，对存在的自我肯定是一种克服了否定的肯定。用一种隐喻化的表述（每一则关于存在本身的论断不是隐喻的就是象征的），我们可以说，存在包含了非存在，但非存在并没有压倒存在。"包含"（including）是一种空间隐喻，它意指存在拥抱它自身以及与它对立者，即非存在。非存在属于存在，它不可能与之相分离。不采用双重否定，我们甚至不可能思考"存在"：存在必须被看作对存在的否定之否定。这也是为什么我们最好用"存在之力"这一隐喻来描述存在的原因。力量是存在者不理会其他存在者的抵抗而现实化自身的可能性。如果我们谈论存在本身的力量，我们意指的是存在肯定自身以反对非存在。在我们关于勇气与生命的讨论中，我们提到了生命哲学家对实在的动态理解。而只有接受了非存在从属于存在、存在没有非存在就不可能成为生命之根基这一观点，这样一种理解才是可能的。对不包含非存在之存在的自我肯定甚至不算是自我肯定，而不过是一种僵化的自我同一性而已。无物得以显现，无物得以表达，无物得以揭显。但非存在驱使存在走出它的这种自我隔绝状态，迫使存在动态地肯定它自身。在哲学辩证谈论的地方，尤其是在新柏拉图主义、黑格尔、生命哲学家和过程哲学家那里，哲学就是在对存在本身进行动态的自我肯定。而当神学严肃地看待活生生的上帝这一观念时，它也在做同样的事；这在上帝内在生命的三一论象征化（trinitarian symbolization）中体现的尤为明显。斯宾诺莎尽管采用了静态的实体定义（它是斯宾诺莎对终极的存在之力的称呼），但当他说到上帝通过对有限存在者的爱与认识而去爱和认识他自己时，他所谈论到的爱与认识也将哲学与神秘主义这两种倾向统一起来了。非存在（在上帝那里，它使得上帝的自我肯定成为动态的）打破了神的自我隔绝并将之揭示为力量与爱。非存在使得上帝成为活生生的上帝。缺少了他自身及其造物所必须克服的"否"（No），神圣的"是"（Yes）对他本人而言就是没有生命的；既没有来自存在根基的任何启示，也没有任何的生命。

但是，哪里有非存在，那里就有有限性和焦虑。如果我们说，非存在属于存在本身，我们说的就是，有限性和焦虑属于存在本身。在哲学家或神学家谈到神圣的至福（divine blessedness）的地方，他们含蓄地（有时也会直白地）谈到了有限性的焦虑，它被永恒地纳入到出自神之无限性的至福之中。无限拥抱它自身及其有限性，"是"包含它自身与将之纳入它自身的"否"，至福囊括它自身与它所征服之焦虑。如果人们说，存在包含了非存在，以及存在通过非存在揭示了自身，那么，上述这一切含义都隐含其中了。它是高度象征性的语言，在这一点上必须如此来使用。但它的象征性并没有削弱其真理；相反，它是其为真的条件。关于存在本身的非象征言说是不真实的。

神的自我肯定乃是有限存在之自我肯定亦即存在勇气得以

可能的力量。只有因为存在本身拥有不顾非存在而自我肯定的特点，勇气才是可能的。勇气参与存在本身的自我肯定，它参与到存在之力之中，这一力量无处不在地反对非存在。在一种神秘主义的、或者人格化的、抑或绝对信仰的行动中，接受这种力量的人也就意识到了他存在勇气的源泉。

  人并不必然会意识到这一源泉。在犬儒主义和冷漠的处境中，他对之冥然无知。但只要他自身一直将他的焦虑承担起来，那么，它就会在他心中做工。在存在勇气的行动之中，存在之力都会在我们心中发挥作用，不论我们是否认识到它。出自勇气的每一次行动都是存在根基的显现，不管这一行动的内容是多么的可疑。内容有可能会隐藏或歪曲真实的存在，但内容中的勇气则会揭显真实的存在。不是证明而是存在的勇气才揭显出存在本身的真实本性。通过肯定我们的存在，我们参与到存在本身的自我肯定之中。不存在关于上帝"实存"的有效证明，但却存在出自勇气的行动，在这些行动中，我们对存在之力做出了肯定，不论我们是否认识到它。如果我们认识到它，我们就是自觉地接受对我们的这一接受。如果我们并不认识它，我们依然接受它并参与到它之中。正是在我们对我们所不认识者的接受中，存在之力得以向我们显现。勇气拥有解蔽的力量（revealing power），存在的勇气乃是通达存在本身的钥匙。

### 被超越的有神论

将无意义纳入自身的勇气预设了它与我们称之为"绝对信仰"的存在根基之间存在某种关系。它没有任何特别的内容,但并非没有内容。绝对信仰的内容就是"上帝之上的上帝"(God above God)。绝对信仰及其结果,即那种将极端怀疑或对上帝之怀疑也纳入自身的勇气,超越了有神论的上帝观念。

有神论可以意指对上帝的非特定使用的肯定。这一意义上的有神论如果用到上帝的名称,也并不是在它字面所意指的意义上说的。由于上帝一词所具有的传统的和心理学上的意涵,这样一个空洞的有神论谈到上帝的话,会让人们的崇敬之情油然而生。那些希望通过修辞术来让他们的听众感到印象深刻的政治家、独裁者以及其他的人就喜欢在这一意义上使用上帝一词。它在其听者中产生出这样的感受,即这一说者是严肃的和道德上值得信赖的。如果他们还能为其对手安上无神论的名头,那么这种做法就会尤其成功。在更高的层次,那些并没有委身于特定宗教的人也喜欢称他们自己是有神论的,这并非出于什么特别的目的,而是因为他们无法忍受一个没有上帝的世界,不论这"上帝"到底是何物。他们需要上帝这个词所具有的某种意涵,他们惧怕被他们称之为无神论的东西。在这种有神论的最高层次,上帝这一名称被用作一种诗意的或实践上的象征,表达了某种深刻的情感状态或那最高妙的伦理观念。它是伫立在第二种类型的有神论与我们称之为"被超越的有神论"之边缘处的有神论。但它对于是否跨越这一边缘依然不甚确定。对于这一整个类型的有神论所做出的无神论否定就跟这种有神论一样的含混。它或许会让人无所敬畏，并对那些严肃看待有神论之肯定的人采取愤怒的举动。它甚至能让人在反对那种对上帝之名做出修辞性和政治性滥用的时候感到义正辞严，但它终究而言与它所要否定的那种有神论一样是与真正的有神论了不相干的。它不可能达到绝望的状态，正如它所与之斗争的有神论不可能达到信仰的状态一样。

有神论还可以拥有另一种含义，它与第一种含义完全相反：它可以是对我们称之为"神人相遇"这一情形的称呼。在此情形中，它指的是犹太－基督教传统中强调人与上帝之间人格化关系的那些因素。这一意义上的有神论所重视的，是《圣经》与新教教义中表现人格主义的那些篇章、上帝的人格化形象、作为创造与启示之工具的话语、上帝之国的伦理与社会特性、人之信仰与神之宽恕的人格属性、宇宙的历史性愿景、神圣目的的观念、造物主与造物的无限距离、上帝与世界的绝对分立、神圣之上帝与有罪之人的冲突、祷告者与践行奉献所具有的人格化特征等。这一意义的有神论乃是圣经宗教与历史性的基督宗教的非神秘主义方面。从这种有神论的观点看，无神论乃是人逃避人神相遇的尝试。它是实存而非理论上的问题。

有神论还有第三种含义,一种严格的神学有神论。神学有神论,如同一切神学一样,依赖于它所要概念化的宗教实质。就其力求证明有必要用某种方式来肯定上帝而言,它依赖于第一种意义的有神论;它通常发展出种种有关上帝"实存"的所谓证明。但是,这一有神论还力求将人与上帝的人格化相遇转化为拥有相互独立之实在性的、或许相遇或许不相遇的两个人格的学说;就此而言,它又更为依赖第二种意义的有神论。

第一种意义的有神论必须被超越,因为它无关宏旨;而第二种意义的有神论也必须被超越,因为它是片面的。但是,第三种意义的有神论之所以必须被超越,则是因为它是错误的。它是坏的神学。这一点通过一种更具洞察力的分析就可以看到。神学有神论的上帝是一个与其他存在并列的存在,他本身就是整个实在的一个部分。当然,他被认为是最重要的部分,但依然是作为部分并因此而从属于全体的整个结构。他本应超出构成实在的种种本体论上的因素和范畴。但是每一句陈述都让他从属于这两者。他被视为拥有世界的自我、与你相关的个我(ego)、与结果相脱离的原因,并占据特定的空间和拥有无尽的时间。他是存在者,而非存在本身。如此一来,他就必定受制于实在的主客结构,对于作为主体的我们而言,他是一客体。与此同时,对于作为主体的他而言,我们又是客体。对于超越神学有神论之必要性而言,这一点是决定性的。因为上帝作为主体,使得我们成为客体且仅仅是一客体。他剥夺了我的主体性，因为他是全能和全知的。我奋起反抗而力图使他（him）[1]成为客体，但这一反抗归于失败而变得让人绝望。上帝以不可征服的暴君面目出现，成了一个与其他一切存在者相对立的存在，其他一切存在者毫无自由和主体性可言。他与晚近的暴君没有什么两样，都是借助恐怖手段力图将一切转变为单纯的客体，变成万物中之一物、他们所操控的机器中的一颗螺钉。他成为存在主义所反对的那种万物之典范。这正是尼采所说的那位必须杀死的上帝，因为没有人能够忍受自己被造就为绝对知识与绝对控制之下的一个纯粹客体。这正是无神论最为深刻的根源。正是这种无神论可以视作对神学有神论及其令人困扰之意涵的反动而获得证成。它也是存在主义绝望以及我们这个时代所盛行的无意义焦虑的最深刻根源所在。

在我们所说的绝对信仰这一经验中，有神论的这一切形式都被超越了。它是对被接受的接受，却没有任何人或任何事物去接受。去接受并给予存在勇气的正是存在本身的力量。这是我们的分析带领我们所达到的最高点。可以用于一切形式有神论中的上帝的那些描述方式都不可能用于描述这一最高点。它也不可能用神秘主义的语言来描述。它既超越神秘主义，也超越人格化的相

---

[1] 在此，蒂利希对"him"用斜体加以强调，是为了提醒我们注意，"上帝"在这里成了"宾语"（object），即变成了"客体"（object）。——译者注

遇，正如它既超越作为部分而存在的勇气，也超越作为自我而存在的勇气一样。

### 上帝之上的上帝与存在的勇气

存在勇气的终极源泉是"上帝之上的上帝"；这是我们超越有神论这一诉求的结果。只有当有神论之上帝被超越，对怀疑与无意义的焦虑才能够被纳入到存在的勇气之中。上帝之上的上帝是一切神秘主义切慕的目标，但为了达到他，神秘主义也必须被超越。神秘主义并没有严肃看待具体之物以及关切于具体之物的怀疑。它直接投身于存在与意义之根基中，将具体之物，将这个有限价值与意义的世界抛之脑后。因此，它并没有解决无意义的问题。用当今宗教处境的话来讲，这意味着东方的神秘主义并不是西方存在主义诸问题的解决之道，尽管许多人尝试采用这一方案。有神论上帝之上的上帝并不是使得将怀疑抛入无意义深渊的那些意义贬值了，而是对它们所做出的潜在补偿。尽管如此，但绝对信仰依然会认同隐含在神秘主义中的那种信仰，因为这两者都超越了对作为存在者的上帝所做出的那种有神论的客体化。对神秘主义而言，这样一位上帝并不比任何有限的存在者更加真实；对存在的勇气而言，这样一位上帝会随着其他每一种价值和意义而一同消失于无意义的深渊之中。

有神论上帝之上的上帝在每一次神人相遇中都在场，尽管是隐匿地在场。不仅新教神学还有圣经宗教都意识到这种相遇的悖谬性特征。它们意识到，如果上帝与人相遇，那么上帝就既不是客体也不是主体，因此他超出了有神论所迫使他嵌入其中的那个框架。它们意识到，与神相关的人格主义会为神的超人格临在所平衡。它们还意识到，只有当接受之力在人心中发挥效用——或用圣经的语言来讲，即只有当恩典的力量在人心中发挥效用，宽恕才可能被接受。它们意识到每一次祷告的悖谬性：你所要向之倾述的正是你不可能向之倾述者，因为他并非"某人"；你所要向之发问的正是你不可能向之发问者，因为他答案的给出与否在你发问之前早已完成；你向之道出"汝"（thou）的正是那靠近那个我（the I）更甚于我靠近那个它（itself）者[1]。这些悖谬中的每一个都驱使我们的宗教意识朝向一位有神论上帝之上的上帝。

扎根于这种有神论上帝之上的上帝经验中的存在勇气既统一了作为部分而存在的勇气和作为自我而存在的勇气，同时又超越了这二者。它既避免了参与中自我的失落，也避免了个体化中世

---

[1] 蒂利希这句话是高度悖谬和精练的，采用了马丁·布伯（Martin Buber）关于人神之间可能存在的"我与你"和"我与它"这两种关系的著名区分。其大意是：当祷告者每次将上帝称之为"汝"（thou）时，因其有限性（罪疚），他实际上不可能真将上帝视为完全的"你"，祷告者所走近的上帝总是会变成某个"它"（itself），因此，"我－你"关系总是不自觉地转变为某种"我－它"关系；但实际上，上帝却在此过程中已经隐匿地走近了祷告中的那个"我"（the I）了，且比我走向"它"更为切近。——译者注

界的丧失。对于有神论上帝之上的上帝的接受使得我们成为那不仅是整体大全（the whole）之部分亦是整体大全之根基者的一部分。因此，我们的自我并没有迷失在会将有限团体中之生命淹没的一个更大整体中。如果自我参与到存在本身的力量之中，它不过是重新接纳了自身。因为存在之力是借助个体自我的力量来行动的。它并不会像每一个有限的整体、每一种集体主义和每一种恪守主义所做的那样，将个体自我吞没。这正是代表存在本身之力或代表超越了诸宗教之上帝的那位上帝的教会，为何会声称自己要成为存在勇气之中保（mediator）的原因所在。一个基于有神论上帝之权威而来的教会是不可能做出这样的主张的。它本身会不可避免地发展成为一种集体主义或半集体主义的系统。

但是，如果一个教会能在它的启示信息和对有神论上帝之上的上帝的奉献之中高举自身，同时又不牺牲掉它的具体象征，那么，它就能成为通向将怀疑与无意义纳入自身之中的勇气的中介。只有十字架之下的教会能够做到这一点。这个教会传扬的是被钉十字架的那一位，他向上帝呼告，他所呼告的是在他对之有信心的上帝已经离他而去并让他置身于怀疑与无意义的黑暗之后依然作为其上帝的上帝。成为这样一个教会的一部分，就是接纳了存在的勇气，在这种勇气之中，人不可能失去他的自我，并且他也在此勇气中接纳了他的世界。

绝对信仰，或者被超越上帝的上帝所攫取的这种状态，并不是显现为与心灵其他状态并列的一种状态。它从来不是割裂和确定的某物，也不是能被孤立描述的一个事件。它永远是在心灵其他状态之中、之下并随同它们一起出现的活动。它是处于人种种可能性边缘的那种处境。它就是这一边缘。因此，它既是绝望的勇气，又是每一种勇气之中和之上的勇气。它并非人能生活其中的处所，它也没有语词和概念的庇护，它没有名字，没有教会，没有膜拜，也没有神学。但它运行在它们所有这一切的深处。它是存在的力量，所有这一切都参与其中，而所有这一切又只是它的片段式表达。

当原本能让人承受命运无常与死亡恐怖的那些传统象征失去力量之际，一个人就会在对命运与死亡的焦虑中意识到这种存在之力。当"护佑"变成迷信而"不朽"成为想象之际，曾经蕴含在这些象征中的那股力量依然能够在场，并且不顾人们对于无序世界与有限实存的体验而创造出存在的勇气。斯多亚式的勇气重新出现，但并非是对普遍理性的信仰。它作为绝对信仰重新出现了，它对存在说"是"，但却看不到任何有可能征服命运与死亡中之非存在的具体之物。

当原本能让人经受罪疚与谴责之焦虑的那些传统象征失去了力量之际，一个人就会在这一焦虑中意识到有神论上帝之上的上帝。当"神的审判"被解释为一种心理学情结而宽恕被解释为"父亲形象"的残余时，曾经蕴含在这些象征中的力量依然能够在场，并且不顾人们对于我们实际所是与我们所应该是之间的无限鸿沟的经验而创造出存在的勇气。路德式的勇气回归了，但不是以对一位审判和宽恕的上帝的信仰为支撑。它以绝对信仰的语言回归；哪怕并没有任何征服罪疚的特殊力量，它依然说出了"是"。将无意义之焦虑承担起来的勇气乃是存在的勇气所能够达到的最边缘处。在它之外，只是纯然无有。在这一勇气中，所有形式的勇气都在有神论上帝之上的上帝之力中得以重新确立。存在的勇气所扎根于其中的上帝，就出现在怀疑之焦虑中的上帝所消失的地方。